Empreendedorismo

Dados Internacionais de Catalogação na Publicação (CIP)
(Câmara Brasileira do Livro, SP, Brasil)

Aidar, Marcelo Marinho
  Empreendedorismo / Marcelo Marinho Aidar ;
coordenador-assistente, André Ofenhejm Mascarenhas. –
São Paulo : Cengage Learning, 2012. – (Coleção debates
em administração / coordenadores, Isabella F. Gouveia
de Vasconcelos, Flávio Carvalho de Vasconcelos)

  1. reimpr. da 1. ed. de 2003.
  Bibliografia
  ISBN 978-85-221-0594-6

  1. Administração de empresas 2. Eficiência
administrativa 3. Empreendedorismo 4. Empreendimentos
5. Empresários 6. Planejamento estratégico 7. Sucesso
em negócios I. Mascarenhas, André Ofenhejm. II.
Vasconcelos, Isabella F. Gouveia de. III. Vasconcelos,
Flávio Carvalho de. IV. Título. V. Série.

07-3026   CDD-658.44012

Índice para catálogo sistemático:

1. Empreendimento : Planejamento : Administração de empresas
658.4012

COLEÇÃO DEBATES EM ADMINISTRAÇÃO

Empreendedorismo

Marcelo Marinho Aidar

Coordenadores da coleção
Isabella F. Gouveia de Vasconcelos
Flávio Carvalho de Vasconcelos

Coordenador-assistente
André Ofenhejm Mascarenhas

Austrália • Brasil • Japão • Coréia • México • Cingapura • Espanha • Reino Unido • Estados Unidos

Empreendedorismo

Marcelo Marinho Aidar

Gerente Editorial: Patricia La Rosa

Editora de Desenvolvimento: Ligia Cosmo Cantarelli

Supervisor de Produção Editorial: Fábio Gonçalves

Supervisora de Produção Gráfica: Fabiana Alencar Albuquerque

Copidesque: Sandra Maria Ferraz Brazil

Revisão: Mônica Di Giacomo

Composição Editorial: ERJ – Composição Editorial e Artes Gráficas Ltda.

Capa: Eliana Del Bianco Alves

Impresso no Brasil.
Printed in Brazil.
1 2 3 4   09 08 07

© 2007 Cengage Learning Edições Ltda.

Todos os direitos reservados. Nenhuma parte deste livro poderá ser reproduzida, sejam quais forem os meios empregados, sem a permissão, por escrito, da Editora. Aos infratores aplicam-se as sanções previstas nos artigos 102, 104, 106 e 107 da Lei nº 9.610, de 19 de fevereiro de 1998.

Esta editora empenhou-se em contatar os responsáveis pelos direitos autorais de todas as imagens e de outros materiais utilizados neste livro. Se porventura for constatada a omissão involuntária na identificação de algum deles, dispomo-nos a efetuar, futuramente, os possíveis acertos.

Para informações sobre nossos produtos, entre em contato pelo telefone
0800 11 19 39

Para permissão de uso de material desta obra, envie seu pedido para
direitosautorais@cengage.com

© 2007 Cengage Learning. Todos os direitos reservados.

ISBN-13: 978-85-221-0594-6
ISBN-10: 85-221-0594-4

Cengage Learning
Condomínio E-Business Park
Rua Werner Siemens, 111 – Prédio 20 – Espaço 04
Lapa de Baixo – CEP 05069-900 – São Paulo – SP
Tel.: (11) 3665-9900 – Fax: (11) 3665-9901
SAC: 0800 11 19 39

Para suas soluções de curso e aprendizado, visite
www.cengage.com.br

Aos meus pais, à Solange e
às minhas meninas
com muito carinho

À Manuela pela alegria
que me trouxe.

apresentação

Debates em Administração

> E o fim de nosso caminho será voltarmos
> ao ponto de partida e percebermos o mundo
> à nossa volta como se fosse a primeira vez
> que o observássemos.
>
> *T. S. Elliot (adaptação)*

O conhecimento transforma. A partir da leitura, vamos em certa direção com curiosidade intelectual, buscando descobrir mais sobre dado assunto. Quando terminamos o nosso percurso, estamos diferentes. Pois, o que descobrimos em nosso caminho freqüentemente abre horizontes, destrói preconceitos, cria alternativas que antes não vislumbrávamos. As pessoas à nossa volta permanecem as mesmas, mas a nossa percepção pode se modificar a partir da descoberta de novas perspectivas.

O objetivo desta coleção de caráter acadêmico é introduzir o leitor a um tema específico da área de Administração, fornecendo desde as primeiras indicações para a compreensão do assunto até as fontes de pesquisa para aprofundamento.

Assim, à medida que for lendo, o leitor entrará em contato com os primeiros conceitos sobre dado tema, tendo em vista diferentes abordagens teóricas, e, nos capítulos posteriores, brevemente, serão apresentadas as principais correntes sobre o tema – as mais importantes – e o leitor terá, no final de cada exemplar, acesso aos principais artigos sobre o assunto, com um breve comentário, e indicações bibliográficas para pesquisa, a fim de que possa continuar a sua descoberta intelectual.

Esta coleção denomina-se **Debates em Administração**, pois serão apresentadas sucintamente as principais abordagens referentes a cada tema, permitindo ao leitor escolher em qual se aprofundar. Ou seja, o leitor descobrirá quais são as direções de pesquisa mais importantes sobre determinado assunto, em que aspectos estas se diferenciam em suas proposições e, logo, qual caminho percorrer, dadas suas expectativas e interesses.

Debates em Administração deve-se ao fato de que os organizadores acreditam que do contraditório e do conhecimento de diferentes perspectivas nascem a possibilidade de escolha e o prazer da descoberta intelectual. A inovação em determinado assunto vem do fato de se ter acesso a perspectivas diversas. Portanto, a coleção visa suprir um espaço no mercado editorial relativo à pesquisa e à iniciação à pesquisa.

Observou-se que os alunos de graduação, na realização de seus projetos de fim de curso, sentem necessidade de bibliografia específica por tema de trabalho para adquirir uma primeira referência do assunto a ser pesquisado e indicações para aprofundamento. Alunos de iniciação científica, bem como executivos que voltam a estudar em cursos *lato sensu* – especialização – e que devem ao fim do curso entregar um trabalho, sentem a mesma dificuldade em mapear as principais correntes que tratam de um tema importante na área de Administração e encontrar indicações de livros, artigos e trabalhos relevantes na área que possam servir de base para seu trabalho e aprofundamento de idéias. Essas mesmas razões são válidas para alunos de mestrado *strictu sensu*, seja acadêmico ou profissional.

A fim de atender a este público diverso, mas com uma necessidade comum – acesso a fontes de pesquisa confiáveis, por tema de pesquisa –, surgiu a idéia desta coleção.

A idéia que embasa **Debates em Administração** é a de que não existe dicotomia teoria-prática em uma boa pesquisa. As teorias, em administração, são construídas a partir de estudos qualitativos, quantitativos e mistos que analisam e observam a prática de gestão nas organizações. As práticas de gestão, seja nos estudos estatísticos, seja nos estudos qualitativos ou mistos, têm como base as teorias, que buscam compreender e explicar essas práticas. Por sua vez, a compreensão das teorias permite esclarecer a prática. A pesquisa também busca destruir preconceitos e "achismos".

Muitas vezes, as pesquisas mostram que nossas opiniões preliminares ou "achismos" baseados em experiência individual estavam errados. Assim, pesquisas consistentes, fundamentadas em sólida metodologia, possibilitam uma prática mais consciente, com base em informações relevantes.

Em pesquisa, outro fenômeno ocorre: a abertura de uma porta nos faz abrir outras portas, ou seja, a descoberta de um tema, com a riqueza que este revela, leva o pesquisador a desejar se aprofundar cada vez mais nos assuntos de seu interesse, em um aprofundamento contínuo e na consciência de que aprender é um processo, uma jornada, sem destino final.

Pragmaticamente, no entanto, o pesquisador, por mais que deseje aprofundamento no seu tema, deve saber em que momento parar e finalizar um trabalho ou um projeto, que constituem uma etapa de seu caminho de descobertas.

A coleção **Debates em Administração**, ao oferecer o "mapa da mina" em pesquisa sobre determinado assunto, direciona esforços e iniciativa e evita que o pesquisador iniciante perca tempo, pois, em cada livro, serão oferecidas e comentadas as principais fontes que permitirão aos pesquisadores, alunos de graduação, especialização, mestrado profissional ou acadêmico produzirem um conhecimento consistente no seu âmbito de interesse.

Os temas serão selecionados entre os mais relevantes da área de Administração.

Finalmente, gostaríamos de ressaltar o ideal que inspira esta coleção: a difusão social do conhecimento acadêmico. Para tanto, acadêmicos reconhecidos em nosso meio e que mostraram excelência em certo campo do conhecimento serão convidados a difundir esse conhecimento para o grande público. Por isso, gostaríamos de ressaltar o preço acessível de cada livro, coerente com o nosso objetivo.

Desejamos ao leitor uma agradável leitura e que muitas descobertas frutíferas se realizem em seu percurso intelectual.

Isabella F. Gouveia de Vasconcelos
Flávio Carvalho de Vasconcelos
André Ofenhejm Mascarenhas

SUMÁRIO

Introdução XV

1. Atividade Empreendedora e Empreendedorismo no Brasil 1

2. Perfil Empreendedor 13

3. Identificação de Oportunidades de Negócios 29

4. Definição do Negócio: Conceito, Estratégia e Modelo de Negócios 49

5. Plano de Negócios: a Ferramenta do Empreendedor 71

6. Em Busca de Financiamento para o Negócio 83

7. O Desafio do Crescimento 95

8. Tópicos Emergentes em Empreendedorismo 117

Bibliografia Comentada 135

Referências Bibliográficas 141

introdução

Embora o tema empreendedorismo não seja algo novo, tem despertado interesse crescente nos últimos anos. Essa tendência observa-se facilmente nas grades curriculares dos cursos de Administração ou nos programas de especialização e de educação executiva que, recentemente, passaram a enfatizar temas como empreendedorismo, criação de novos negócios, gestão da pequena e da média empresa, elaboração de planos de negócios, inovação, entre outros. O fenômeno do empreendedorismo, no entanto, é bastante antigo e remete às primeiras invenções humanas, e, antes mesmo, aos primeiros processos de negociações.

No Brasil, Irineu Evangelista de Souza, o consagrado Visconde de Mauá (1813-1889), é considerado um ícone dos capitalistas empreendedores brasileiros do século XIX. Deu início a seus negócios em 1846, a partir de uma pequena fábrica de navios em Niterói (RJ). Em apenas um ano, passou a ter a maior indústria do país, empregando mais de mil operários e diversificando suas atividades para caldeiras de máquinas a vapor, engenhos de açúcar, guindastes, prensas, armas e tubos para encanamentos hidráulicos (Caldeira, 1995). No setor de serviços públicos, organizou companhias de navegação e, ainda em 1852, inaugurou a primeira ferrovia brasileira, ligando Petrópolis e o Rio de Janeiro, além da criação de uma companhia de gás para a iluminação pública, dois anos depois. Após a abertura de muitos novos negócios, alguns dos quais com conexões internacionais, suas fábricas passaram a ser alvo de sabotagens e seus negócios sofreram o impacto de uma legislação que sobretaxava as importações. Em 1875, o Banco Mauá sofreu falência e seu proprietário vendeu a maioria de suas empresas a capitalistas estrangeiros.

Se o Visconde de Mauá pode ser considerado o empreendedor do século XIX, Francisco Matarazzo é o empresário brasileiro da primeira metade do século XX. No auge de sua fortuna, as Indústrias Reunidas F. Matarazzo produziam tecidos, latas, óleos comestíveis, açúcar, sabão, presunto, pregos, velas, louças, azulejos. O industrial possuía ainda um banco, uma frota particular de navios, um terminal exclusivo no porto de Santos e duas locomotivas para transportar mercadorias no pátio da sede do complexo industrial, em São Paulo. Seu império alcançou tal proporção que suas empresas chegaram a faturar o equivalente à arrecadação de São Paulo, o Estado mais rico da Federação. Em uma economia ainda voltada muito fortemente para a exportação de produtos agrícolas, especialmente o café, Francisco Matarazzo soube identificar oportunidades de negócio no mercado interno, abastecendo a mesa do brasileiro com produtos importados e produzidos internamente, lucrando com o banco e, assim como outros empresários da época, aproveitando políticas econômicas protecionistas do governo do início do século XX.

Empreendedores como Jorge Gerdau Johannpeter, José Ermírio de Moraes, Abílio Diniz, comandante Rolim Amaro, Samuel Klein, entre outros, tornaram-se notáveis, especialmente na segunda metade do século XX. Entre eles há em comum a grande capacidade de identificar oportunidades e explorá-las de forma pioneira, diversificando e expandindo seus negócios, em alguns casos para além das fronteiras nacionais. Outro ponto em comum, que caracteriza o empreendedor em qualquer época, é sua capacidade de identificar "brechas" e perceber oportunidades onde a maioria das pessoas enxerga apenas problemas. Esse é, por exemplo, o caso de Samuel Klein, que em um momento em que a maioria dos empresários varejistas buscava o público com alto ou médio poder aquisitivo, construiu um império varejista, as Casas Bahia, para atender o público de baixa renda. Esse também é o exemplo de Constatino Junior, da empresa aérea GOL, que trouxe para o Brasil o modelo de companhias aéreas de "baixo custo – baixa tarifa", modificando o setor no país.

Como veremos nos próximos capítulos, o mérito do empreendedor não está em ter uma boa idéia e, muitas vezes, nem mesmo na capacidade de identificar uma oportunidade de negócios, mas na sua capacidade de operacionalizar a oportunidade, com base em um novo modelo de negócios. As empresas "pontocom", que, emergiram a partir da Internet, evidenciaram claramente esse processo. Mesmo sem uma efetiva inovação tecnológica, muitos novos negócios continuam a emergir, simplesmente modificando a forma de oferecer produtos ou serviços já tradicionais no mercado. A Amazon teve enorme sucesso catalogando e disponibilizando um acervo de livros na Internet, que nenhuma livraria individualmente poderia ter. No Brasil, algumas empresas tradicionais souberam explorar a Internet como importante canal de vendas, por exemplo, as Lojas Americanas ou o Ponto Frio, enquanto negócios totalmente novos foram criados. Um exemplo muito ilustrativo é o da Flores Online. Seus sócios-fundadores observaram que, no Brasil, a venda de flores sempre ocorreu de maneira amadora, em bancas ou em floriculturas de bairros. Não havia, como nos Estados Unidos, uma cadeia de lojas de flores, com marca conhecida. Logo perceberam que a Internet facilitaria a criação da primeira floricultura com grife no Brasil, sem a necessidade de um grande espaço físico ou de uma localização nobre.

Assim como os fundadores do site Flores Online, muitos empreendedores da atualidade vêm aproveitando as oportunidades criadas no rastro da revolução digital e do advento da Internet. Os números alcançados pelo comércio eletrônico no Brasil são impressionantes. Até meados de 2005, as vendas pela Internet cresciam a uma taxa que superava os 40% ao ano, produzindo recordes sucessivos e atraindo número crescente de empresas e de empreendedores.

Trazendo questões conceituais e exemplos práticos, este livro tem o propósito de debater o empreendedorismo e os vários aspectos a ele relacionados e, ao mesmo tempo, apresentar as etapas e os problemas relativos à criação e à expansão de novos negócios.

No Capítulo 1, será discutida a essência da atividade empreendedora, procurando mostrar a importância do empreendedorismo para a economia brasileira e mundial. São apresentadas informações e estatísticas que ajudam a compreender os problemas relacionados aos fatores motivadores da atividade empreendedora, bem como explicar a alta taxa de mortalidade de novos negócios no Brasil. Continuando esse debate, no Capítulo 2, mostram-se os fatores que influenciam o sucesso do empreendedor, enfatizando as questões de perfil individual e condicionantes externos para o empreendedorismo. Nesse capítulo, são apresentadas também as etapas ou estágios para a criação de um novo negócio.

Os conceitos de idéia e oportunidades de negócios, freqüentemente confundidos entre si, são objetos de reflexão do Capítulo 3, que apresentará ainda importantes noções sobre identificação de oportunidades de negócios, com base em informações de mercado. No Capítulo 4, serão apresentadas três questões centrais na área de empreendedorismo, que devem ser compreendidas de forma integradas: o conceito, a estratégia e o modelo de negócios.

A importância do plano de negócios como ferramenta integrada para o empreendedor, na abertura e no gerenciamento do negócio, será discutida no Capítulo 5. Ainda nesse capítulo apresenta-se um roteiro detalhado para a elaboração de um plano de negócios. No Capítulo 6, o levantamento de financiamento para o negócio será discutido, identificando agentes financeiros e investidores, bem como o tipo de financiamento necessário em cada estágio de vida do negócio.

O Capítulo 7 é dedicado ao desafio e às estratégias para o crescimento do negócio e como contrastam das estratégias de entrada no mercado. É também apresentado o modelo de franquia como opção de crescimento para o franqueador e como opção de entrada para o franqueado. São ainda discutidas nesse capítulo as questões de rede de empresas, formas de estratégias cooperativas entre pequenas empresas e arranjos produtivos locais. Encerramos o livro apresentando alguns dos tópicos que consideramos emergentes no estudo do empreendedorismo. Em primeiro lugar, abordamos as empresas familiares, discutindo problemas de profissionalização, sucessão e governança corporativa. Em seguida, apresentamos a noção do intra-empreendedorismo ou empreendedorismo corporativo: tema bastante atual para as grandes corporações que pretendem estimular o espírito empreendedor entre seus gestores e funcionários. O crescimento das incubadoras, como suporte ao empreendedorismo no Brasil, é destacado como um tópico de grande importância. Finalizamos o Capítulo 8 e o livro com uma das questões mais atuais relacionadas ao assunto, que é a emergência de outro tipo de empreendedor, cujo impacto de suas ações é medido em função das transformações na sociedade: o empreendedor social.

capítulo 1

Atividade Empreendedora e Empreendedorismo no Brasil

Não há dúvida de que entramos definitivamente naquilo que Bygrave (1994) denomina era do empreendedorismo. Negócios novos e emergentes criam grande parcela das inovações nos produtos e serviços, tornam processos produtivos mais eficientes; pela forma como os recursos são combinados, geram novos empregos e transformam a forma como vivemos.

Com o conceito de destruição criativa, o economista Joseph Schumpeter fornece uma brilhante definição do empreendedor moderno, ao caracterizá-lo como aquele que destrói a ordem econômica existente pela introdução de novos produtos e serviços, pela criação de novas formas de organização ou pela exploração de novos recursos e materiais. Para Schumpeter (1988), o desenvolvimento econômico surge justamente de novas combinações de materiais e forças para produzir produtos e serviços existentes ou novos. Segundo ele, esse conceito engloba: 1) introdução de um novo produto no mercado; 2) introdução de um novo método de produção; 3) abertura de um novo mercado (a partir de novos produtos ou a partir dos já existentes); 4) conquista de uma nova fonte de matéria-prima; e 5) criação de uma nova organização para gerar uma nova posição de monopólio (a partir de alianças, fusões ou fragmentações de empresas).

Pode-se dizer, em resumo, que o empreendedorismo está associado ao processo pelo qual produtos e serviços são substituídos no mercado, à substituição de produtos existentes por outros mais baratos ou mais eficientes para a mesma função ou, simplesmente, à ação de tornar a função de um produto ou serviço obsoleta pela introdução de inovações tecnológicas.

EMPREENDEDORISMO, PEQUENAS EMPRESAS E DESENVOLVIMENTO ECONÔMICO

A década de 1990 e os primeiros anos do novo milênio têm sido marcados por diversas aquisições, megafusões e alianças estratégicas entre grandes empresas, inclusive em âmbito internacional. Essa tendência pode nos levar a crer que estaria havendo uma concentração de negócios realizados pelas grandes empresas, com oportunidades cada vez mais reduzidas para novos negócios nas micro e pequenas empresas (MPEs). Muitos levantamentos, no entanto, vêm mostrando justamente o contrário. Na realidade, a participação das MPEs no total de empresas apresenta números expressivos, em número de empresas, em participação no PIB (Produto Interno Bruto) e no percentual de pessoas empregadas.

Em 2002, as micro e pequenas empresas brasileiras respondiam por 99,2% do número total de empresas formais, por 57,2% dos empregos totais e por 26,0% da massa salarial (Sebrae-SP, 2006). Essas empresas representam em torno de 28% do faturamento total e apenas cerca de 2% da participação no valor total das exportações brasileiras. Se considerarmos apenas as microempresas (até nove empregados no comércio e serviços e até 19 na indústria), observa-se um crescimento acumulado de 55,8%, passando a participação percentual no total de empresas de 93,2%, em 1996, para 93,6%, em 2002 e elevando a participação de pessoas ocupadas de 31,8% para 36,2%. Quanto à participação na massa total de salários, passou de 7,3%, em 1996, para 10,3%, em 2002. Com base nessas e em outras informações pode-se dizer que uma importante contribuição das micro e pequenas empresas no crescimento e desenvolvimento do país é a de servirem de colchão amortecedor do desemprego.

Outro levantamento realizado pelo Sebrae-SP (2001) mostra que a proporção das MPEs paulistas é mais acentuada nos setores de comércio e de serviços. Em 1999, comércio e serviços representavam, respectivamente, 43% e 31% do total das MPEs no Estado de São Paulo, enquanto as indústrias representavam apenas 12%. Quando se consideram apenas os novos negócios, essa diferença é ainda maior. Do total dos negócios abertos em 1999, 64% foram registradas como empresas comerciais, 27% como empresas de serviços e somente 9% como empresas industriais (Sebrae-SP, 2001). Entre os novos registros de empresas na indústria destacam-se a construção civil e as confecções. No comércio, os segmentos de atividade que se destacam são exatamente aqueles que já lideram o ranking em termos de número de empresas existentes: comércio varejista de material de construção, comércio varejista de vestuário e minimercados. O mesmo ocorre no setor de serviços, liderado por segmentos de alojamento e alimentação (bares, restaurantes, lanchonetes e hotéis), transportes terrestres e serviços de assessoria às empresas.

Essa característica de as novas empresas estarem surgindo justamente naqueles segmentos nos quais já se encontram a maior parte das empresas pode ser explicada pelo fato desses segmentos apresentarem menores barreiras à entrada: a tecnologia é de fácil acesso e a necessidade de capital é relativamente baixa. Porém, essa facilidade à entrada pode implicar também maior concorrência, menor rentabilidade e maior número de "saídas", ou seja, maior volume de empresas que fecham suas portas. Outro ponto que chama a atenção na pesquisa é o baixo grau de qualificação dos novos empreendedores. Cerca de 14% possuem apenas o ensino fundamental incompleto, 22% possuem o fundamental completo, 41% concluíram o ensino médio e 23% possuem superior completo ou mais.

As estatísticas apresentadas não deixam dúvidas de que o desenvolvimento econômico, especialmente nos países emergentes, dependerá cada vez mais de um aumento da atividade empreendedora. Só assim será possível gerar crescimento econômico e novos empregos. Porém, não é qualquer tipo de novo negócio que solucionará a situação. Muitos negócios abertos no Brasil apresentam características de "auto-emprego" – empresas criadas para o simples sustento do empreendedor e de sua família, que muito freqüentemente trabalha na microempresa, sem registro ou carteira assinada. Quase metade dos novos negócios abertos no Brasil não possui nenhum empregado e, mesmo entre aqueles que conseguirem sobreviver aos três ou cinco primeiros anos de vida, terão um crescimento bastante limitado, com baixa capacidade de empregar.

Muitos desses negócios não são criados porque o seu fundador identificou uma real oportunidade, ao contrário, eles surgem sem um estudo de mercado e da concorrência, sem um diferencial efetivo em relação ao que existe no mercado e sem qualquer inovação. Esses empreendedores são classificados como "empreendedores de necessidade", contrapondo-se aos "empreendedores de oportunidade". O desenvolvimento econômico brasileiro somente será sustentável na medida em que se crie novos negócios, inovadores nos produtos e processos, com potencial de crescimento em rede.

EMPREENDEDORES DE NECESSIDADE × OPORTUNIDADE

Essa preocupação crescente com a questão do empreendedorismo e seus impactos na economia fez que a Babson College (Estados Unidos) e a London Business School (Inglaterra) coordenassem um estudo internacional, o Global Monitor Entrepreneurship (GEM), para conhecer o grau de empreendedorismo de cada país. Tendo como parceiros no Brasil o Instituto Brasileiro da Qualidade e Produtividade no Paraná (IBQP-PR) e o Serviço Brasileiro de Apoio às Micro e Pequenas Empresas (Sebrae), o GEM tem como objetivo aprofundar o conhecimento acerca de questões relacionadas ao empreendedorismo. Desde 1999, quando realizou seu primeiro ciclo, até 2005, o estudo envolveu mais de 40 países de todos os continentes e dos mais variados graus de desenvolvimento econômico e social, tornando-se a investigação de maior escopo em sua área (IBQP-PR, 2005).

A principal medida GEM de empreendedorismo é a Taxa de Atividade Empreendedora Total (TAE), que indica a proporção de empreendedores na população adulta economicamente ativa (entre 18 e 64 anos). O Brasil participa do estudo desde 2000 e, em 2005, como nos anos anteriores, permanecia entre os dez países com maior nível de atividade empreendedora, dentre os 35 países que participaram do levantamento naquele ano. Porém, o próprio estudo deixa evidente que o tipo de empreendedorismo praticado no Brasil é o de necessidade, movido mais por falta de oportunidade do empreendedor no mercado de trabalho do que o de oportunidade.

Considerando-se os dados acumulados entre 2002 e 2005, conclui-se também que há pouca inovação nos produtos e nos serviços. Entre os empreendedores entrevistados, mais de 80% consideravam não estar oferecendo produtos ou serviços novos, enquanto apenas cerca de 5% ofereciam novidades para todos os seus clientes. Quase um terço dos empreendedores não tinham expectativa de contratar nenhum funcionário nos cinco anos seguintes. Mais de dois terços dos empreendedores brasileiros acreditavam que enfrentariam muita concorrência em seu setor de atuação. Menos de 5% acreditavam não ter concorrência alguma. Isso é reflexo provável da pequena barreira de entrada para novos negócios. A tecnologia adotada reforça esse ponto, visto que aproximadamente 98% dos empreendedores alegavam estar adotando tecnologias que já estavam disponíveis no mercado havia pelo menos um ano.

Alinhado a conclusões dos estudos do Sebrae (2005), que mostravam evolução da participação da mulher empreendedora, chegando a um total de aproximadamente 40% dos novos negócios, o IBQP-PR (2005) revelou que a proporção de mulheres empreendedoras no Brasil também é comparativamente elevada. Quando se considera apenas os empreendedores masculinos, o Brasil fica na 13ª posição. Quando a classificação é feita apenas entre empreendedoras mulheres, porém, o Brasil passa para a sexta posição. O aspecto não tão favorável disso é que empreendedores de necessidade são mais prevalentes entre as mulheres. Outra novidade que esses estudos vêm trazendo é o crescimento do empreendedorismo entre os jovens (Sebrae, 2005), o que não quer dizer necessariamente que esse jovem escolheu o empreendedorismo como opção de carreira, mas pode estar refletindo a sua dificuldade de ingressar no mercado de trabalho.

A restrição financeira atua como forte barreira para a criação de um novo negócio. As informações dos empreendedores brasileiros de 2002 a 2005 indicavam que cerca de dois terços deles dispunham de menos de R$ 10 mil para dar início a seus negócios. Para piorar, o Brasil ainda é um país sem tradição de investidores (formais ou informais) e o acesso ao crédito é caro, em função das elevadas taxas e juros (IBQP-PR, 2005).

MORTALIDADE E SOBREVIVÊNCIA DE NOVOS NEGÓCIOS

A mortalidade infantil das empresas brasileiras, definida pelo percentual de empresas que encerram suas atividades nos primeiros anos de sua existência, tem sido motivo de preocupação constante de órgãos de apoio ao micro e pequeno empresário, como o Sebrae. Segundo estudos do Sebrae Nacional, em 2004, quase 60% das empresas brasileiras encerravam suas atividades antes de completar seu 5º ano de vida (Sebrae, 2005). Esses números elevados são, em parte, decorrentes do próprio risco inerente à atividade empreendedora, já que em muitos países desenvolvidos a taxa de mortalidade é de aproximadamente 30% até o 4º ano de vida. Conclui-se daí que seja possível reduzir bastante a mortalidade infantil de nossas empresas. A Tabela 1.1 a seguir revela as razões dos pequenos empresários para o encerramento de seu negócio.

Tabela 1.1 Principais razões para o encerramento de uma empresa

Principais razões para o encerramento de sua empresa	Percentual
Falta de capital de giro	24,1%
Impostos altos/tributos	16,0%
Falta de clientes	8,0%
Concorrência	7,1%
Baixo lucro	6,1%
Dificuldade financeira	6,1%
Desinteresse na continuação do negócio	6,1%
Maus pagadores/inadimplência	6,1%
Problemas familiares	3,8%
Má localização da empresa	3,8%

Fonte: "Fatores condicionantes e taxa de mortalidade de empresas no Brasil" (Sebrae, 2005).

A elevada taxa de mortalidade infantil de novos negócios pode ser, em grande medida, atribuída ao despreparo do empreendedor brasileiro, que inicia seu próprio negócio mais por necessidade do que com base em alguma efetiva oportunidade. Assim, as áreas ou setores escolhidos são quase sempre aqueles que envolvem relativamente baixo nível de conhecimento e de investimento como a indústria de construção civil ou as confecções, o comércio de material de construção ou de vestuários e serviços de alojamento e alimentação. A baixa barreira à entrada de novos negócios estimula a concorrência e eleva ainda mais a mortalidade desses negócios. Entre as razões para o encerramento de uma nova empresa há uma combinação de fatores, como: experiência prévia no ramo, dedicação ao negócio, fluxo de caixa, problemas de conflitos internos, entre outros, que serão debatidos a seguir.

Experiência prévia no ramo

Muitas oportunidades de negócios são identificadas por pessoas que atuam no próprio segmento, como funcionários, prestadores de serviços ou clientes. Porém, na maioria das vezes o empreendedor não tem experiência prévia no ramo de atuação em que está criando seu negócio. Nesses casos, ele é freqüentemente surpreendido por detalhes operacionais, organizacionais ou financeiros que podem ser decisivos para o sucesso do empreendimento.

O ramo de bares, restaurantes e alojamentos está em uma dessas categorias de negócios que classicamente convida empreendedores com muito pouca ou nenhuma experiência. Em um levantamento do Sebrae-SP (2001), esse segmento representava 24% de todos os novos serviços abertos. Contudo, é exatamente a falta de *expertise* que faz elevar as chances de encerramento prematuro desse tipo de negócio. Segundo a Abrasel, de cada cem bares e restaurantes que abrem em São Paulo, 35 deles fecham suas portas logo no primeiro ano de vida e somente três permanecem em funcionamento, passada uma década.

Planejamento e tempo de estudo

Uma característica comum a muitos empreendedores está associada ao desejo de realizar. Muitas vezes, não fazem um adequado planejamento do negócio, estudam pouco o mercado e a concorrência e deixam de identificar questões críticas relacionadas aos aspectos legais. Assim, escolhem inadequadamente o local para o seu estabelecimento, fixam preços de forma aleatória e inadequada em relação à concorrência e ao público-alvo e desenvolvem produtos e serviços que não atendem às expectativas do consumidor.

Embora alguns empreendedores acabem ajustando seus negócios na base da tentativa e erro, a falta de estudo e planejamento do negócio pode contribuir de maneira significativa para o aumento do risco da mortalidade. O Gráfico 1.1 a seguir ilustra o grau de desconhecimento da amostra dos 4.650 empreendedores que abriram seus negócios entre 1999 e 2003 (Sebrae-SP, 2005).

Gráfico 1.1 Percentual de empresários que desconhecia aspectos específicos do negócio

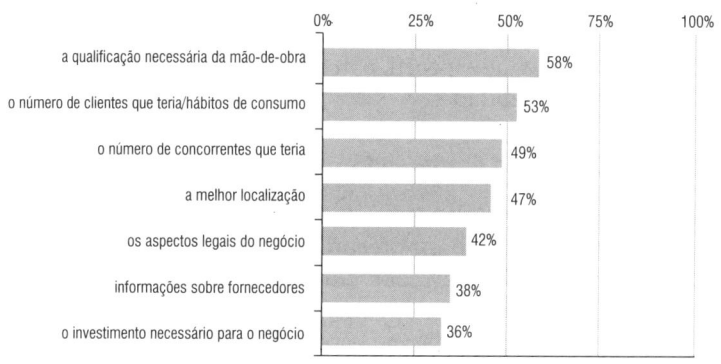

Fonte: Sebrae-SP (2005).

Dedicação ao negócio

Por se tratar de atividades arriscadas e que, em muitos casos, demoram a dar retorno sobre o investimento, muitos empreendedores dedicam-se apenas em tempo parcial ao negócio, mantendo um emprego em paralelo. Logo percebem, porém, que a atividade empreendedora exige enorme dedicação de tempo e de esforços. Nesse momento pode-se perceber a importância de se ter pelo menos um dos sócios voltado integralmente para o novo empreendimento.

Administração do fluxo de caixa e do capital de giro

Identificar adequadamente uma oportunidade e obter clientes dispostos a pagar pelo produto e serviço oferecidos não são questões suficientes para o sucesso de um negócio. Uma das razões mais comuns para o encerramento prematuro de alguns negócios está relacionada à má gestão do capital de giro – da disponibilidade de recursos financeiros para operar o negócio no dia-a-dia. Esses empreendedores gastam excessivamente nos estoques, pagam seus fornecedores em prazos mais curtos do que revendem a mercadoria e não dispõem de recursos para cobrir fluxos negativos de caixa, necessitando de empréstimos caros, por exemplo, cheque especial, parcelamento de cartão de crédito, entre outras modalidades.

Disponibilidade de capital e tamanho

A dificuldade de acesso a financiamentos e capital de risco é outra realidade do nosso empreendedor. Segundo levantamento do Sebrae-SP (2005), 92% dos empreendedores usam recursos próprios, 11% conseguem pequenos empréstimos bancários e 8% obtêm recursos de cheque especial e cartão de crédito para financiar a abertura da empresa. Com poucos recursos para a sua abertura, os negócios acabam sendo bastante simples, pequenos e com baixíssimas barreiras de entrada de concorrentes. Negócios que se mantêm muito pequenos ao longo do tempo reduzem suas chances de sobrevivência, por não conseguirem uma economia de escala mínima que os torne rentáveis.

Conflitos internos

A maioria dos novos negócios é registrada sem nenhum funcionário ou com um ou dois funcionários. Na maioria das vezes, trata-se de negócios familiares, que servem para o sustento e a ocupação da própria família. Irmãos, primos, maridos e esposas são sócios na empresa e, freqüentemente, confundem as relações de propriedade, gestão e família. Mesmo tratando-se de bons negócios, empresas nessas circunstâncias têm sua sobrevivência ameaçada em função da falta de profissionalismo nas decisões do cotidiano da empresa.

Idade

As estatísticas de mortalidade de novos negócios mostram claramente que há um período crítico que varia entre um, três e cinco anos, no qual o risco de encerramento no negócio é muito alto, sendo estabilizado a partir desse período. Pode-se considerar esse período como um teste de realidade, a partir do qual a empresa passa a aumentar suas chances de sobrevivência. Não é por menos que muitas incubadoras consideram o período de dois anos como adequado para a "incubação" de novos negócios, e que a maioria dos modelos de planos de negócio exige uma demonstração financeira do investimento que varia entre três e cinco anos.

capítulo 2

Perfil Empreendedor

Parece haver uma crença de que o empreendedor nasce com os atributos necessários para a abertura e a condução de seus negócios, e muito pouco se pode fazer para desenvolver essas habilidades no nível educacional. Os cursos e a literatura tradicionais nas áreas de Administração e de Negócios enfatizam a formação de executivos que atuarão em grandes corporações multinacionais e nelas farão carreira. Muito pouco se pensa no empreendedorismo como carreira.

Por diversas razões, porém, essa realidade vem se transformando. Com o fim do modelo de longas carreiras nas organizações, terceirização em larga escala, contratos de trabalho flexíveis e valorização de pequenos negócios (ainda que em grandes organizações), há um crescente e consistente aumento de procura pelo tema. Cursos de administração passam a incluir nas suas grades o tema empreendedorismo em nível de graduação, especialização e educação executiva; grandes empresas promovem o desenvolvimento empreendedor em seus gerentes e até revistas de negócios, com perfil acadêmico, passam a ter artigos publicados na área.

CARACTERÍSTICAS DO EMPREENDEDOR

Muitas pesquisas procuraram identificar quais são as características ou os atributos comuns aos empreendedores bem-sucedidos, geralmente sem obter êxito. Para Bygrave (1994), atualmente sabemos que não há um conjunto de atributos estabelecidos que nos permita distinguir empreendedores de não-empreendedores. Kuemmerle (2002), entretanto, após analisar 50 negócios de diversos ramos em estágio inicial (*start-ups*), em 20 diferentes países, identificou as seguintes características dos empreendedores bem-sucedidos:

- sentem-se confortáveis em quebrar as regras;
- estão preparados para fazer inimigos poderosos;
- têm paciência para começar pequeno;
- apresentam disposição para mudar a estratégia rapidamente;
- sabem tomar decisões e fechar acordos.

Empreendedores quebram as regras

O conceito de destruição criativa de Schumpeter ilustra bem esse ponto. De fato, se o empreendedor não propõe uma nova forma de oferecer seus produtos e serviços de modo a se diferenciar daqueles já oferecidos no mercado, terá poucas chances de obter sucesso em sua atividade empreendedora. Ao ser criada a Flores Online, seus fundadores observaram que, ao contrário dos Estados Unidos, não havia ainda no Brasil uma "grife" no segmento das floriculturas O modelo de negócios vigente baseava-se nas floriculturas de bairro, a partir das quais se poderia visitar ou telefonar para fazer uma encomenda e um pedido de entrega de flores. Revolucionando esse tradicional modelo de negócios, os sócios-fundadores passaram a vender pela Internet arranjos de flores combinados com os tradicionais chocolates Godiva. Para garantir a qualidade dos arranjos, estes eram centralizados na sede da empresa, e foi contratada a DHL para fazer as entregas em qualquer ponto do Brasil.

Empreendedores estão preparados para fazer inimigos poderosos

Adotando estratégia tipicamente de nicho, e buscando "brechas" que as grandes empresas não conseguem cobrir, empreendedores buscam seu "lugar ao sol". Na medida em que vão se estabelecendo, porém, torna-se inevitável o confronto com algumas grandes empresas, que passam a ser suas concorrentes diretas. Michael Dell, com sua estratégia de vendas diretas de computadores pessoais, enfrentou a IBM e outros gigantes do mercado. A empresa aérea brasileira GOL entrou no setor aproveitando a brecha deixada pela Varig e pela TAM, as duas principais competidoras na época, com enfoque em clientes que nunca tinham viajado de avião. Na medida em que foi crescendo, a GOL passou a ter de confrontar essas empresas como reais concorrentes.

Empreendedores têm paciência para iniciar pequeno

De uma forma ou de outra, novos negócios são sempre experimentais, mesmo quando surgiram a partir de um detalhado plano de negócios. Iniciar um negócio pequeno possibilita ao fundador a oportunidade de testar comercialmente o conceito do novo produto ou serviço e sentir como os clientes responderão em relação a preço, local de compra ou variações no produto. Embora se recomende que o empreendedor defina claramente seu público-alvo, em vez de sair "atirando para todos os lados", na prática é necessário, muitas vezes, uma experimentação do negócio, antes que se possa delimitar claramente os nichos a serem perseguidos.

Empreendedores têm disposição de modificar suas estratégias rapidamente

Uma das principais vantagens de pequenos e novos negócios em relação às empresas já estabelecidas são seu dinamismo e agilidade para mudar rapidamente de rumo, com o propósito de atender às novas exigências do mercado ou reposicionar o negócio. Muitos empreendedores iniciam seus negócios objetivando um nicho específico e, quando colocam o negócio para funcionar, logo percebem um "nicho" novo inusitado, sendo forçados a redirecionar rapidamente suas estratégias.

Empreendedores sabem tomar decisões e fechar acordos

Fechar acordos é importante atribuição para o empreendedor. Uma única aliança ou parceria com uma grande empresa pode modificar completamente os rumos de negócio de uma *start-up*. Comparados aos gestores de negócios já estabelecidos, os empreendedores tendem a se sentir mais confortáveis com o risco e não se intimidar com escassez ou ausência de informações. Muitas das decisões que o empreendedor toma podem delimitar a fronteira entre o sucesso e a falência, de modo que "mesmo no escuro", suas decisões devem ser ágeis e minimamente efetivas.

FATORES QUE INFLUENCIAM O SUCESSO DO EMPREENDEDOR

Além de pesquisas sobre o perfil empreendedor, diversos estudos procuraram levantar como a história individual e algumas características do empreendedor podem ter contribuído para sua decisão de empreender. Dentre esses fatores, Hisrich (2004) sugere ambiente familiar na infância, educação, valores pessoais, idade, histórico profissional, rede de apoio moral e rede de apoio profissional.

Há evidências de que empreendedores e, especialmente empreendedoras, tendem a ter pais que também são ou foram empreendedores ou que, de alguma forma, trabalham por conta própria. A natureza independente e flexível do trabalho autônomo dos pais parece, de alguma maneira, "inspirar", ainda em idade precoce, o desejo de independência nos filhos. Embora haja sempre exemplos de grandes empreendedores que não chegaram a completar sua educação formal, e em alguns casos nem mesmo terem concluído o ensino médio, hoje está claro que a educação tem papel preponderante na formação do empreendedor, especialmente quando ela oferece qualificação específica na área em que se está definindo o negócio.

Embora não se possa chegar a um único perfil, Bygrave (1994, p. 5) sugere as características a seguir para o empreendedor bem-sucedido.

Dream (Sonhador)	Acredita ser capaz de oferecer soluções substancialmente diferentes daquelas existentes hoje, em algum ramo de negócio.
Decisiveness (Autoconfiante)	É auto-confiante e otimista. Uma vez identificada a oportunidade, age prontamente, evitando perder o trem da história.
Doers (Realizador)	É realizador e tende a colocar seus sonhos em prática, "custe o que custar".
Determination (Determinação)	Não fica paralisado diante do risco de fracasso. Seria capaz de errar sucessivamente e aceitar o erro como parte do processo de aprendizado.
Dedication (Dedicação)	Dedicado totalmente ao negócio, disposto a gastar horas nesse projeto, ainda que com sacrifício de sua vida pessoal e familiar.
Devotion (Devoção)	Devota-se a algo que realmente gostaria muito de fazer, que conhece muito melhor do que a maioria das pessoas.
Details (Detalhista)	É curioso e capaz de identificar oportunidades de negócio em cada detalhe. Não se cansa de pesquisar, na constante procura de novos caminhos, seja no trabalho, nas compras, nas férias, lendo revistas, jornais ou vendo televisão.

Destiny **(Oportunista – constrói o próprio destino)**	Troca a segurança do holerite pelo risco de um negócio próprio, na busca de realização e independência. Prefere o desafio de empreender à certeza de um emprego.
Dollars **(Aceita o dinheiro como medida de sucesso)**	Embora o dinheiro não seja o seu primeiro fator de motivação, ele é aceito como medida de sucesso do seu negócio, estando disposto a se desfazer do negócio, caso ele se mostre inequivocamente deficitário.
Distribute **(Compartilhador)**	Sabe liderar e ouvir as pessoas ao seu redor, dando-lhes autonomia e poder de decisão. Está disposto a compartilhar e distribuir parte do seu sucesso com sua equipe.

Fonte: "The 10 Ds", adaptado de Bygrave (1994, p.5).

Apesar de a idade ser fator pouco relevante, a atividade empreendedora exige, de alguma forma, a combinação de energia, característica da juventude, com a experiência e condições financeiras estáveis, atributos das pessoas de meia-idade. Sendo assim, pode-se esperar que a maior parte dos novos empreendimentos seja iniciada por pessoas entre as idades de 22 e 45 anos. No Brasil, as estatísticas recentes (Sebrae-SP, 2005) apontam um aumento expressivo da participação de novos negócios iniciados por jovens de até 24 anos.

O histórico profissional do indivíduo parece ter grande peso na escolha pela atividade empreendedora. Muitas pessoas desmotivadas com diversos aspectos do emprego, incluindo a falta de desafios ou oportunidades de promoção, acabam identificando oportunidades de negócios na sua própria especialidade, mas fora do contexto organizacional em que se encontram. Com freqüência, essas pessoas, com o apoio de amigos, sócios ou administradores profissionais, iniciam um novo negócio, ainda em tempo parcial, até que se sintam seguras para abandonar seus empregos. Por detrás de uma história de sucesso há, quase sempre, uma série de tentativas frustradas, que serviram de importante aprendizado para o empreendedor. Portanto, empreendedores bem-sucedidos carregam consigo também algumas histórias importantes de fracasso.

Por quebrar regras, nem sempre os empreendedores conseguem o apoio e a compreensão daqueles que os rodeiam. Pais podem desacreditar das idéias de seus filhos, cônjuges podem não compreender o empenho de seu parceiro em um negócio aparentemente pouco promissor e amigos podem ridicularizar colegas em busca de oportunidades, que podem parecer "quixotescas". Embora a determinação típica dos empreendedores seja capaz de transpor esses obstáculos, possuir uma rede de apoio moral entre amigos, cônjuges e familiares, desde o início do negócio, pode ser muito importante para o sucesso do empreendedor.

A atividade empreendedora é com freqüência solitária. Além dos problemas de apoio entre familiares, muitas vezes o empreendedor sente grande necessidade de trocar experiências com pessoas que já estão no mercado ou que tenham experiência no negócio. As redes de apoio profissional tornam-se então algo importante. Associações profissionais podem fornecer informações preciosas sobre o setor, incluindo dados de clientes, concorrência, demanda etc. Organismos de apoio ao micro e pequeno empresário, como o Sebrae nacional e os Sebraes estaduais, oferecem apoio e capacitação para esses casos. A Endeavor, organização internacional do terceiro setor, estimula o crescimento da atividade empreendedora, selecionando empreendedores com potencial de crescimento e estabelecendo uma rede de novos empreendedores e empresários experientes, o que possibilita importante troca de experiências e conhecimento entre eles.

CONDICIONANTES PARA A CRIAÇÃO, IMPLEMENTAÇÃO E CRESCIMENTO DE UM NOVO NEGÓCIO

Algumas estimativas apontam que 90% dos novos negócios criados nos Estados Unidos baseiam-se no próprio setor, ou em setores diretamente relacionados àqueles em que o empreendedor teve alguma experiência prévia, geralmente como funcionário (Bygrave, 1994). Isso não é motivo de surpresa, já que é razoável supor que as idéias (transformadas em oportunidades) sejam identificadas, com base em problemas e carências, que apenas quem pertence a determinado segmento é capaz de identificar. David Neelman é um exemplo desse tipo de empreendedor. Após ter criado, em 1984, a Morris Air, e ter vendido essa mesma empresa para a Southwest, em 1993, o empreendedor foi convidado a atuar como vice-presidente da empresa. Permaneceu no cargo até 1998 e, descontente com oportunidades que observava que a empresa perdia, lançou, já em 1999, a JetBlue, que, assim como a Southwest, tem como enfoque baixo custo e baixa tarifa. Atualmente, já conta com mais de 70 aviões e, mesmo com tarifas baixas, é capaz de manter um padrão de serviço superior ao do concorrente (Gittell e Reilly, 2001).

Além da experiência prévia, muitos outros fatores de ordem psicossocial e do ambiente externo podem estar presentes na decisão do empreendedor, ao ser criado um novo negócio. Ademais, os fatores que condicionam a inovação e o início do negócio geralmente são diferentes daqueles que influenciam a implementação da idéia. Fatores internos – de ordem pessoal, sociológica ou organizacional, bem como os fatores externos –, relativos ao ambiente competitivo, acesso a recursos, políticas governamentais entre outros, têm importante papel na criação, na implantação e no crescimento de um novo negócio. A Figura 2.1, a seguir, mostra como essas forças condicionam o processo empreendedor.

Alguém poderá ter uma idéia para a inovação de um produto, serviço ou processo, mas não a levar adiante sem considerar as perspectivas e as oportunidades de carreira que ela tem no seu atual emprego. Aspectos pessoais relacionados à tolerância ao risco também terão peso na decisão de prosseguir. Quase sempre haverá um evento que atuará como gatilho ou precipitador da abertura do negócio. Uma herança recebida ou o levantamento do Fundo de Garantia pela demissão de um antigo emprego podem ser fatores disparadores da iniciativa de um novo negócio. A rede de relacionamentos com pessoas do setor também atua nesse sentido. O levantamento de recursos para a abertura pode advir, nessa fase, inclusive de "investidores anjos" (*angels*)[1].

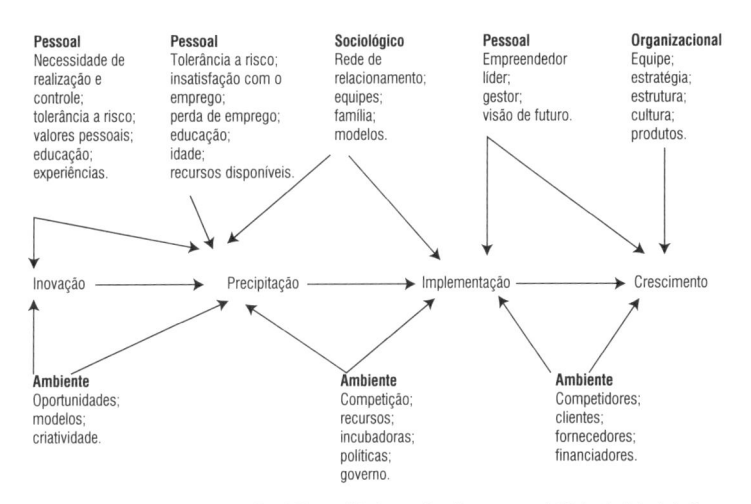

Pessoal	Pessoal	Sociológico	Pessoal	Organizacional
Necessidade de realização e controle; tolerância a risco; valores pessoais; educação; experiências.	Tolerância a risco; insatisfação com o emprego; perda de emprego; educação; idade; recursos disponíveis.	Rede de relacionamento; equipes; família; modelos.	Empreendedor líder; gestor; visão de futuro.	Equipe; estratégia; estrutura; cultura; produtos.

Inovação → Precipitação → Implementação → Crescimento

Ambiente	Ambiente	Ambiente
Oportunidades; modelos; criatividade.	Competição; recursos; incubadoras; políticas; governo.	Competidores; clientes; fornecedores; financiadores.

Fonte: Baseado no modelo de Carol Moore, "Understanding Entrepremeurial Behavior", in J. A. Pearce II e R. B. Robinson, Jr. (eds.) *Academy of Management Best Papers Proceedings*. 1986, in Bygrave, 1994.

Figura 2.1 Fatores condicionantes do processo empreendedor.

Empreendedores de base tecnológica, com a definição de negócios muito específicos, podem contar com o apoio e os incentivos de órgãos do governo ou suporte de incubadoras tecnológicas. Na Cietec, a maior incubadora de base tecnológica brasileira, encontram-se incubadas, por exemplo, iniciativas relacionadas ao uso

---

[1] Investidores anjos (*angels*) são pessoas físicas que assumem o risco de investir em uma pequena empresa e buscam com isso um retorno mais alto que aquele de mercado. O *angel* entra, normalmente, como sócio do empreendedor, gostando de opinar e de ser conselheiro do negócio.

do óleo de rã para a aceleração do processo de cicatrização de ferimentos em humanos, kits para a realização de teste para determinação do sexo do avestruz e outras aves, combustível à base de hidrogênio, desenvolvimento de softwares, entre outros.

ETAPAS PARA A CRIAÇÃO DE NOVOS NEGÓCIOS

Uma das grandes dificuldades que o empreendedor encontra na criação de um novo negócio relaciona-se ao fato de não haver uma "cartilha" de como empreender. Quando analisamos a história dos empreendimentos de sucesso, concluímos que o caminho trilhado por eles variam em grande medida. Enquanto na base de alguns deles há o planejamento cuidadoso do negócio, utilizando estudos de mercado, estratégias de operação, análise de viabilidade econômico-financeiro, em outros parece haver muita intuição e um tanto de sorte.

A biografia de Mark Lund ilustra bem o exemplo do empreendedor que inicialmente não buscava oportunidades de negócio, mas estava decidido a mudar de vida. Insatisfeito com sua rotina de trabalho na cidade de São Paulo, na editora do pai, e amante do surf e da vida no litoral, Mark contava os dias e as horas para poder descer ao litoral paulista da região de Maresias. O final da tarde de domingo, momento de retornar à São Paulo, era deprimente para ele. Inconformado com isso, e acreditando que poderia ter melhor qualidade de vida, Mark resolveu vender musse de chocolate na praia. O método de desenvolvimento da receita também nada teve de científico. Muito pelo contrário, foi resultado de uma receita errada de sua ex-namorada, que fez com que ele, pela primeira vez, gostasse de musse. Em sua mente, estava criada a oportunidade de negócio, ou melhor, a oportunidade de mudar de vida. Mudou-se para o litoral e iniciou seu empreendimento de forma bastante amadora. Entre uma e outra onda, ia para a praia vender seus musses.

Porém, na medida em que o verão se aproximava, Mark percebia que precisava estar preparado, já que seu negócio era altamente sazonal, e seria necessário obter grande parte da receita no período de verão, para sustentar o negócio nos demais meses. Tratou assim de se preparar para o período de férias, e de se abastecer. Para sua infelicidade, naquele verão de 1986 o Brasil passava por enorme crise de abastecimento, decorrente do Plano Cruzado, que congelou artificialmente os preços e fez desaparecer diversos produtos do mercado. Um desses produtos raros na época era o copinho plástico, insumo essencial para que se pudesse vender a musse. Em razão da pressão de tempo, Mark resolveu o problema da embalagem, criando uma torta-musse, dispensando a necessidade da embalagem de copinho plástico. Aquele verão consagrou o Le Moussier, que mais tarde abriria novas lojas naquele litoral.

Sem necessidade de um estudo de mercado, Mark percebia que aquela faixa de litoral crescia em um ritmo acelerado e recebia um público de alto poder aquisitivo. Também não precisou de um estudo da concorrência para concluir que esse público tinha poucas opções de serviços, restaurantes e docerias. Juntando a "fome com a vontade de comer", iniciou rapidamente seu processo de expansão, abrindo novas lojas em Juqueí, Camburi, Maresias e Guarujá, além daquela inaugural de Boissucanga. Os incidentes e acidentes vinham contribuindo de forma magistral para o sucesso da carreira de Mark como empreendedor, que, além de tudo, podia agora associar seu negócio ao estilo de vida sonhado por ele, vivendo em Maresias e surfando.

Com o crescimento do negócio, Mark e sua esposa Roberta, que cuidava da administração das lojas, não resistiram à tentação de abrir novas lojas em conhecidos *shoppings* da capital paulista, por meio de franquias. Essa iniciativa fez que toda a composição de fatores que vinham contribuindo para o sucesso do negócio se modificasse de modo a surgir novas barreiras para o sucesso do empreendimento, a começar pelo próprio estilo de vida tão desejado pelo fundador. Com a criação das franquias, Mark via-se obrigado a ter novamente aquela vida insatisfatória de aproveitar o litoral apenas nos finais de semana. A intuição agora já não atuava de forma a favorecer o sucesso. Um estudo da concorrência e do novo ambiente de negócios poderia ter mostrado que, na capital, esse mercado já se encontrava saturado e que o diferencial do negócio alcançado no litoral anulava-se em meio à enorme quantidade de lojas e redes de *fast-food* paulistanas. Voltar para o litoral e explorar novas necessidades de negócios, com a abertura de uma lanchonete e uma loja de confecção, foi a solução desse empreendedor.

Quadro 2.1 Etapas para a criação de um novo negócio

Idéia do negócio	Pesquisa de mercado (exploratória)	Conceito do negócio	Pesquisa de mercado (confirmatória)	Plano de negócios	Implantação do negócio
• Autoconhecimento. • Identificar setores emergentes. • Desenvolver uma idéia do negócio. • Identificar oportunidades de negócios.	• Levantar informações secundárias de mercado. • Procurar experiências similares.	• Identificar público-alvo. • Definir a estratégia de negócios. • Identificar possíveis competidores. • Estabelecer modelo de negócio. • Detalhar produtos e serviços. • Definir localização.	• Levantar informações de clientes potenciais (fontes primárias).	• Estabelecer previsão de vendas de curto e médio prazos. • Definir marcas, patentes e licenças. • Definir estrutura organizacional. • Dimensionar quadro de pessoal. • Definir participação acionária. • Definir papéis e responsabilidade dos sócios. • Estudar viabilidade econômico-financeira.	• Identificar fontes de financiamento. • Identificar parceiros para o negócio. • Definir sócios investidores. • Levantar recursos para o negócio. • Selecionar a modalidade de empresa. • Formalizar a abertura da empresa.

Embora existam exemplos de empreendedores de sucesso acidental, como mostra a história do Le Moussier, muitas vezes, estudos e planos podem fazer falta para a criação e a expansão de um novo empreendimento. Sem pretender apresentar uma cartilha para a atividade empreendedora, que é e deve ser criativa e inovadora, apresentamos no esquema a seguir algumas etapas que podem ser importantes na abertura um novo negócio.

Com base no Quadro 2.1, observa-se que a primeira etapa para a criação de um empreendimento refere-se ao estabelecimento da idéia do negócio. O autoconhecimento é um atributo importante para o empreendedor nessa fase. É bastante freqüente o caso de pessoas que iniciam novos negócios em áreas relacionadas a alimentação, hospedagem ou outra área qualquer sem ter realizado uma verdadeira auto-análise para saber se estão mesmo dispostas a "mergulhar de cabeça" naquele negócio, enfrentando riscos, fazendo diversas atividades operacionais e abdicando, pelo menos nos primeiros anos, de finais de semana e feriados. Assim, uma primeira pergunta que o empreendedor deve se fazer é *até que ponto esse negócio combina com o estilo de vida que desejo para mim e minha família*? Somente a partir desse autoconhecimento é que vale a pena continuar as etapas subseqüentes.

Após desenvolvida a idéia e identificadas as oportunidades de negócio, o empreendedor cauteloso garimpa informações secundárias de mercado, com o propósito de identificar questões relacionadas a tamanho de mercado, tendência de crescimento de vendas do setor, estabelecimentos existentes no setor etc. A observação de experiências similares é também usualmente muito importante. Compreender as razões de acertos e erros de outros empreendedores ajuda muito a prevenir problemas e reduzir riscos. Recomenda-se, portanto, que se converse com outros empreendedores do ramo e que se utilizem produtos e serviços daqueles negócios similares. Isso ajudará na resposta à seguinte questão: *o que o meu negócio terá de real diferenciação em relação aos outros negócios existentes no mercado*? Um perigo comum nesse estágio é o empreendedor acreditar que nenhum negócio seja mesmo similar ou concorrente ao seu. Ele, encantado por sua idéia, imagina que ela seja extremamente original e única. Muito pouco provável que ninguém, em algum lugar do mundo, tenha tentado determinado tipo de idéia de negócio. Recomenda-se, portanto, que o empreendedor seja persistente e criativo na busca de informações. Elas não virão prontas, mas serão obtidas quase sempre de forma indireta.

Definir um conceito de negócio diferenciado é, provavelmente, um dos principais desafios do empreendedor. Como será aprofundado no Capítulo 4, nessa etapa o empreendedor precisa ter claros qual é o público-alvo de seu negócio, quais as estratégias e as principais linhas de produtos e/ou serviços que serão oferecidas. Muitos exemplos de empreendimentos de sucesso conseguiram fugir do "lugar-comum" justamente adotando modelos de negócios diferenciados. O caso da Dell Computers tornou-se clássico exemplo de como o empreendedor Michael Dell conseguiu adentrar e crescer em um mercado de gigantes, apenas modificando o modelo de negócios existente para propor a venda direta de computadores pessoais, por catálogo e pela Internet, permitindo ao consumidor a customização do equipamento. Ao usar esse modelo e criar uma rede de parceiros, a empresa conseguiu também reduzir seus estoques de computadores e ainda resolver problemas de caixa, já que os fornecedores eram pagos apenas após a Dell ter recebido de seus clientes. As tão mencionadas empresas aéreas de baixo custo, por exemplo a Southwest e a JetBlue nos Estados Unidos, ou a GOL no Brasil, também são exemplo de organizações que introduziram modificações definitivas em seu segmento de atuação, ao entrar com um modelo de negócios diferenciado, reduzindo custos de serviços não essenciais, agilizando o *check-in*, eliminando refeições a bordo e diminuindo o tempo das aeronaves no solo. Isso, aliado à racionalização das escalas e das rotas, permitiu que essas empresas oferecessem tarifas bem mais baixas que as tradicionalmente praticadas, alcançando um novo nicho de mercado, e mantendo altas taxas de ocupação nos vôos.

Uma vez determinados os produtos, serviços e públicos-alvo, torna-se mais fácil fazer o levantamento de informações primárias de mercado e da concorrência. A expressão pesquisa de mercado em geral assusta o empreendedor, que enxerga nessa ferramenta algo extremamente técnico, caro e que deve ser conduzido por especialistas. Com freqüência, as pessoas desconfiam também de que uma amostra possa refletir realmente o pensamento ou o comportamento de um grupo. Como será apresentado no próximo capítulo, os levantamentos de informações primárias podem ser bastante simples, estarem baseados em pequenos grupos de enfoque e, a partir de uma amostra muito pequena da população, predizer com grande índice de acerto as tendências de comportamento do consumidor.

capítulo 3

Identificação de Oportunidades de Negócios

Ter a idéia de um novo negócio é relativamente simples, difícil é transformá-la em oportunidade de negócios. Esse pensamento, tão presente nos estudos de empreendedorismo, reflete claramente a razão fundamental pela qual tantos novos negócios não conseguem decolar.

Candidatos a empreendedor temem compartilhar suas idéias de negócios por imaginar que elas possam ser "roubadas". Porém, se tomarmos como exemplo a Dell Computers, a Amazon, a GOL e mesmo empresas menos conhecidas como as brasileiras Flores Online, Poit Energia, Dry Wash, entre outras, concluiremos que a inovação não está na idéia, mas na oportunidade de negócios. Em outras palavras, o que realmente diferencia um novo negócio é sua capacidade de criar um real valor para o cliente, a maneira como ele atende às necessidades de determinado público, com determinado produto ou serviço.

Portanto, o diferencial não surge com a idéia, mas sim com sua transformação em um conceito ou em um modelo de negócio que a torne possível. O que garantiu inicialmente o estrondoso sucesso da Amazon, não fora a idéia de Jeff Bezos de vender livros pela Internet, mas a operacionalização de sua idéia, isto é, sua capacidade de catalogar milhões de livros e, por meio de parcerias com livrarias, torná-los rapidamente acessíveis aos consumidores de toda parte do mundo, que passaram a enxergar a Amazon como o acervo mais completo do planeta.

A idéia do negócio é sem dúvida importante, mas não é a etapa mais importante nem o primeiro passo na construção de um novo negócio. Na realidade, o autoconhecimento do empreendedor vem antes de tudo. Em um mercado altamente competitivo, é fundamental que o empreendedor comece pela reflexão de quais são suas ambições, conhecimentos e competências. Eu desejo, eu sei como, eu posso entrar nesse negócio? Essas são questões cruciais que todo empreendedor deveria se fazer antes de iniciar sua jornada no mundo dos negócios. Somente depois ele detalhará sua idéia, buscando transformá-la em uma oportunidade de negócios.

CARACTERÍSTICAS DAS OPORTUNIDADES

A grande maioria dos novos negócios, mesmo aqueles em que o empreendedor afirma ter identificado uma oportunidade antes de sua abertura, é composta de negócios tradicionais com pequena barreira de entrada e pouco potencial para crescimento. Esses negócios não exploram realmente as oportunidades e são comumente denominados *mom-and-pop business*[1], *marginal firms*[2] ou *life-style firms*[3] (Timmons, 1994).

Poderá haver muitas idéias, mas poucas reais oportunidades. As oportunidades surgem, na realidade, a partir de lacunas, do caos ou de inconsistências deixadas pelo mercado. Antes, porém,

---

[1] *Mom-and-pop business* é uma expressão coloquial para designar um negócio conduzido por uma única família com poucos ou nenhum funcionário, além dos proprietários.

[2] *Marginal firms* são negócios muito pequenos, quase sem funcionários, com nenhum diferencial competitivo que lhes dê potencial de crescimento.

[3] *Life-style firms* são negócios criados apenas para garantir um razoável meio de vida para seus fundadores. Em geral possuem baixo crescimento (abaixo de 20% ao ano) e não apresentam risco elevado.

de discutir onde se encontram as oportunidades de negócios, é importante caracterizá-las. Segundo Timmons (2004), as oportunidades surgem com a definição de produtos ou serviços que:

- criam valor significativo para os clientes, solucionando um grande problema ou atendendo uma necessidade pela qual eles estejam dispostos a pagar;
- oferecem lucro potencial para o empreendedor e investidor, suficiente para compensar o risco e recompensando as expectativas;
- ajustam-se às capacidades, experiências e habilidades dos empreendedores;
- são razoavelmente duráveis e não apenas baseados em modismo ou tendências imediatas.

Criação de valor para o cliente

A teoria evolucionista de Charles Darwin pode ser muito apropriada para compreender a sobrevivência de novos negócios ou o extermínio de negócios existentes. Isso porque, assim como as espécies na natureza, as empresas necessitam se diferenciar para poder se adaptar às constantes mudanças em seu meio.

Para que crie valor real para o cliente, um novo negócio deverá trazer um diferencial no produto ou serviço, ser oferecido de maneira distinta, estar disponível em algum lugar diferente, possuir preços mais atrativos ou agregar vantagens adicionais como garantias e serviços de apoio que não sejam oferecidos pela concorrência. Consideremos, por exemplo, o caso das empresas aéreas, que têm fascinado o mundo de negócios no Brasil e no mundo. Analisando-se, em primeiro lugar, o ambiente de negócios dessas empresas, observa-se o crescimento contínuo de abertura e competitividade, exigindo estratégias competitivas para a entrada de novas empresas. Até o final dos anos 1980, a Varig dominava completamente o mercado brasileiro, com o monopólio dos vôos internacionais, embora as demais empresas (especialmente Vasp e Transbrasil) estivessem confortáveis com seu mercado doméstico.

Para entrar nesse mercado, a TAM utilizou estratégia de diferenciação de seu serviços e, principalmente, identificou nichos de mercado pouco atendido, que incluía os itinerários para o interior do Estado de São Paulo – público com alta renda, cujas necessidades não eram atendidas. Em 2001, a GOL usou estratégia oposta à da TAM, de liderança em custo, para tornar a passagem aérea acessível a um público de menor renda, acostumado a viajar apenas de ônibus. Para tanto, a GOL revolucionou a maneira de operar, com a introdução de um novo modelo de negócio, compatível com os preços reduzidos que queria praticar no mercado.

Lucro para o empreendedor ou para os acionistas

Para que se caracterize como oportunidade, um negócio deve oferecer significativo lucro para o empreendedor ou para os acionistas. Obviamente, o que pode ser considerado significativo variará de pessoa para pessoa, e de negócio para negócio. Alguém interessado apenas em iniciar um negócio compatível com seu estilo de vida poderá ter expectativas bastante reduzidas em relação ao retorno sobre os investimentos. Um exemplo é um veterinário que, com suas reservas e o apoio da família, crie uma *pet shop* e obtenha renda mensal suficiente para pagar suas contas, ou uma pedagoga que abra uma escola com o suporte do marido e que se dê por satisfeita dado o negócio não ser deficitário.

No outro extremo, poderemos ter empreendedores e, especialmente, acionistas, com elevadas expectativas de lucro e retorno sobre o investimento. Como sabem que a atividade empreendedora é associada a um elevado risco, investidores tendem a exigir taxas de retorno que chegam a ultrapassar os 50% do capital empregado, a fim de compensar o risco do negócio. Aqui vale a famosa regra do mercado financeiro, de que o retorno é diretamente proporcional ao risco.

Ajuste à capacidade e à experiência dos empreendedores

As oportunidades não se apresentam para quem não tem olhos para enxergá-las. Algumas idéias somente serão convertidas em oportunidades nas mãos das pessoas certas. Ainda que todos observem o risco de falta de energia no país, será pouco provável que alguém de fora do setor de eletricidade ou de energia consiga identificar uma brecha na locação de geradores e possa operacionalizar o negócio como fez o Wilson Poit, fundador da Poit Energia.

Relativamente duráveis

Embora muitos negócios atravessem ondas de modismo, por exemplo, bares e restaurantes, as reais oportunidades de negócios devem ultrapassar esses picos de moda e mostrar-se com capacidade de crescimento ao longo do tempo. Quando são avaliadas oportunidades de negócios, a análise deve considerar:

- necessidades dos clientes na atualidade;
- necessidades dos clientes no futuro;
- concorrentes na atualidade;
- concorrentes no futuro.

Para que seja duradouro o negócio, não basta haver necessidades dos clientes na atualidade, é importante também a identificação dos concorrentes atuais. Isso ainda não basta para que se tenha uma real oportunidade identificada. Os mercados são altamente dinâmicos, novos produtos e serviços são continuamente disponibilizados no mercado por novas empresas. Torna-se assim fundamental que se analisem as tendências futuras de clientes e concorrentes. Deve-se investigar o momento do ciclo de vida dos produtos ou serviços a serem ofertados. Eles são novos no mercado? Eles estão em ascensão ou em queda? Há outros produtos substitutos surgindo? Não se pode deixar de analisar também as barreiras de entradas de concorrentes. Como vimos anteriormente, negócios com pequenas barreiras de entrada (baixo investimento, pouca regulamentação ou baixa tecnologia) tendem a ter a concorrência proliferada com maior velocidade.

A JANELA DE OPORTUNIDADES

Novas oportunidades estão sempre se abrindo, mas também se fechando rapidamente, especialmente em mercados muito dinâmicos. Segundo Timmons (1994, p. 41), é importante que essa "janela de oportunidades" esteja aberta ou se abrindo no momento em que o empreendedor identifica a oportunidade, e que ainda permaneça aberta o tempo suficiente para que possa ser adequadamente explorada (Figura 3.1).

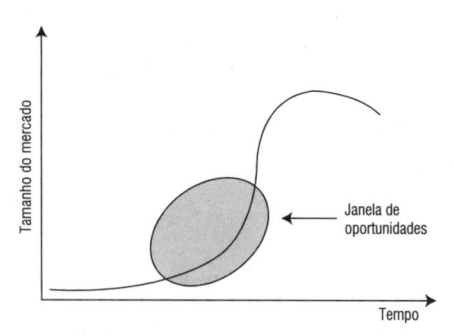

Fonte: Timmons (1994).

Figura 3.1 A janela de oportunidades.

A curva da janela da oportunidade mostra que o mercado, em determinado segmento, cresce a diferentes taxas, ao longo do tempo, e à medida que ele aumenta, crescem as oportunidades naquele ramo de negócio. Porém, à medida que o mercado se torna ainda maior e já estabelecido, as condições para novos negócios deixam de ser favoráveis, e a janela passa a se fechar.

O tempo em que janela da oportunidade se mantém aberta dependerá muito do ramo de negócios. Nas áreas de informática, telefonia celular e biotecnologia, esse tempo poderá ser de apenas cinco anos, enquanto em setores mais maduros, de ciclo mais lento, a janela poderá permanecer aberta por 10 a 15 anos.

O mercado de *pagers* no Brasil ilustra bem como a janela de oportunidade pode se abrir e fechar rapidamente. No início dos anos 1990, a rápida difusão dos *pagers* fez que se criassem diversos serviços de telemensagem, configurando-se intensa, mas muito curta janela de oportunidade. Na medida em que os aparelhos e linhas de telefone celular começaram a se popularizar, ela se fechou por completo, levando muitas das empresas do setor a fechar suas portas ou mudar de ramo de atividade.

A extensão da janela da oportunidade determinará o tempo com que se pode avaliar o sucesso de um empreendimento. Segundo Timmons (1994), na linguagem dos investidores, leva-se apenas dois anos e meio para que surjam os limões (negócios fracassados), mas pode chegar a sete anos o tempo necessário para que apareçam as pérolas (negócios bem-sucedidos).

O ciclo de vida da inovação

Quando tratamos de negócios em que o diferencial competitivo esteja muito fortemente apoiado na inovação tecnológica e no qual os produtos tornam-se rapidamente obsoletos, é ainda mais importante discutir-se o ciclo de vida do produto ou da adoção daquela nova tecnologia. Para compreender o comportamento do consumidor de setores de base tecnológica, Moore (2002) propõe o modelo do ciclo de vida de adoção de novas tecnologias, identificando cinco estágios característicos do uso da nova tecnologia, conforme a Figura 3.2.

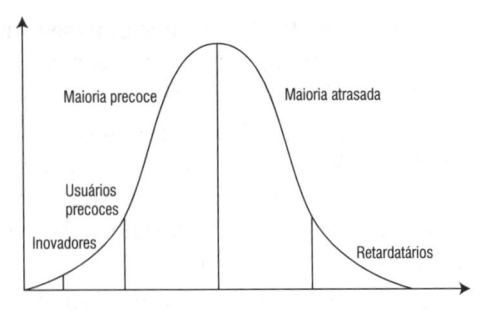

Fonte: Adaptado de Moore (2002).

Figura 3.2 Ciclo de vida de adoção de novas tecnologias.

Inovadores – Entusiastas da tecnologia

Pessoas que estão engajadas com a nova tecnologia, em sua raiz, gostam de ser as primeiras a lidar com a inovação e descobrir suas funcionalidades. Esse tipo de usuário também é comum nos negócios *business-to-business*, e representam aquelas empresas que são sempre as primeiras a implementar novas soluções tecnológicas. Embora os inovadores representem apenas uma parcela muito pequena dos usuários, eles são em geral formadores de opinião e terão importante papel na difusão daquela tecnologia.

Usuários precoces – Visionários

São verdadeiros revolucionários nos negócios e no governo e desejam conquistar vantagens competitivas sobre os concorrentes, adotando soluções e tecnologias totalmente inovadoras, que representem quebras de paradigma em relação às soluções existentes. Mais ainda do que os usuários inovadores, os usuários precoces são formadores de opinião e, por fazer parte daquele grupo que realmente traz dinheiro para o negócio, geram grande publicidade sobre a inovação.

Maioria precoce – Pragmáticos

Em vez de revolucionários, esse grupo de usuários pode ser considerado evolucionário. Não são fanáticos como os grupos anteriores, mas uma vez comprovada a eficácia da nova tecnologia passam a adotá-la prontamente. Como sabem que toda a tecnologia está sempre se transformando, a maioria precoce é cuidadosa em proteger as inovações adquiridas. Aguardam até o momento em que a novidade esteja disponível no mercado a um preço mais acessível e que aquelas soluções sejam mais duradouras, com menor chance de se tornarem obsoletas no curto prazo.

Maioria atrasada – Conservadores

Esses usuários são pessimistas em relação à possibilidade da nova tecnologia trazer algum ganho real em relação ao investimento realizado. Embora sejam céticos, representam grande oportunidade de negócios, pois compõem uma multidão de clientes com suas demandas ainda não atendidas.

Retardatários – Céticos

Esse tipo de usuário é altamente resistente às inovações tecnológicas e tende a resistir a elas até mesmo quando já estão amplamente difundidas. Esse grupo certamente não poderá ser considerado público das novas tecnologias.

A compreensão das diferenças entre esses públicos pode ajudar ao empreendedor a definir estratégias específicas para cada momento do ciclo de vida de uma inovação. Mais que isso, associando esse modelo à noção da janela da oportunidade, apresentada anteriormente, torna-se mais fácil definir se uma oportunidade, associada a uma inovação, ainda poderá permanecer por mais um tempo ou se ela já se encontra no final de seu ciclo de vida.

ONDE IDENTIFICAR OPORTUNIDADES DE NEGÓCIOS

Nas economias de mercado as oportunidades estão sempre se abrindo. Porém, elas tendem a emergir nas situações que envolvam:

- novos conhecimentos e transformações tecnológicas;
- mudanças na regulamentação;

- distúrbios sociais e carência de serviços públicos;
- transformação nos gostos da população;
- serviços para aumento de conveniências; e
- brechas deixadas pelas grandes corporações.

Novos conhecimentos e transformações tecnológicas

Não há dúvida de que novos conhecimentos, descobertas e transformações tecnológicas estimulam e são estimulados por grandes oportunidades de negócios. Sabendo disso, a indústria farmacêutica reserva importante parcela de suas receitas para investir em pesquisa e desenvolvimento – fator crítico de sucesso no setor. Os conhecimentos na indústria de software e tecnologia da informação avançam com tal velocidade que novas necessidades são permanentemente criadas e atendidas, tornando os equipamentos e programas obsoletos em um curto período de tempo.

Mudanças na regulamentação

As transformações na regulamentação produzem importantes mudanças nas regras do jogo no mundo dos negócios, trazendo quase sempre novas oportunidades para empreendedores. Mais uma vez, os setores de telefonia fixa e móvel, na medida em que passam a ser privatizados e regidos por meio de nova regulamentação, inclusive com controle de agências reguladoras, criam muitas novas oportunidades. Exigências da Agência Nacional do Petróleo para redução dos níveis de enxofre no combustível têm estimulado empreendedores na busca de novas formas de produção do combustível, especialmente pela fabricação do biodiesel. O controle dos medicamentos e de produção de alimentos pela Agência Nacional de Vigilância Sanitária (Anvisa) gera oportunidades na indústria farmacêutica e de alimentos.

Distúrbios sociais e carência de serviços públicos

A incapacidade do Estado de prover diversos serviços que tradicionalmente lhe foram atribuídos, abre oportunidades para empreendimentos relacionados à segurança, planos de saúde e aposentadoria privada, concessão do transporte público e de rodovias, entre outros serviços. Iniciativas do terceiro setor, conduzidas por empreendedores sociais, também emergem nas várias brechas deixadas pelo governo nas áreas de proteção ambiental, cultura, educação e apoio à saúde pública.

Transformação nos gostos da população

Em uma economia de mercado globalizada, os povos têm a oportunidade de observar e experimentar lançamentos e novidades com uma velocidade cada vez maior, enquanto as empresas têm chance de copiar, importar ou introduzir constantemente novos produtos. Como resultado, há transformações permanentes nos hábitos e nos gostos da população. Um exemplo interessante disso é o consumo de vinho. Até a década de 1960, o vinho era uma bebida típica de países europeus. Por mais consumo que houvesse em outros países, ele era insignificante. A partir de então, o gosto pelo vinho se internacionalizou, estimulando o crescimento de vinícolas nos Estados Unidos, Chile, Argentina, Austrália, África do Sul, entre outros países.

Há alguns anos, o consumo de refrigerantes e outros produtos sem açúcar e dietéticos era insignificante. O aumento da população obesa e a noção do risco do excesso de açúcar provocam aumento, ano a ano, pela procura por esses produtos.

Serviços para aumento de conveniências

O cotidiano agitado das pessoas que vivem nos grandes centros urbanos provoca o aumento da necessidade de conveniências. Padarias, supermercados, lojas de material de construção e até academias de ginástica criam serviços 24 horas para atender aos clientes que não têm tempo de fazer compras ou atividade física durante o horário comercial. Restaurantes, farmácias e mesmo *pet shops* oferecem serviços de entrega, para facilitar a vida do consumidor, e são criados serviços de lavagem de carro a seco, por exemplo o Dry Wash, para permitir que os clientes possam ter seus carros lavados enquanto fazem compras nos *shopping centers*.

Brechas deixadas pelas grandes corporações

Mesmo as grandes organizações, com produtos diversificados e poderosos canais de distribuição, têm dificuldades para atender a todos os públicos. Em mercados competitivos ou semiconcentrados, sempre haverá nichos deixados por grandes empresas. Esse é o exemplo do Guaraná Jesus, que ameaça a liderança da Coca-Cola, no Estado do Maranhão. Criado por um farmacêutico, em São Luís, na década de 1920, o Guaraná Jesus faz parte da cultura maranhense. Esse é um bom exemplo do potencial dos produtos de caráter regional, que dominam mercados de fronteiras bem demarcadas sem se preocupar com a expansão para outras áreas. A própria extensão territorial do país e sua diversidade cultural estimulam negócios nessa linha.

LEVANTAMENTO DE INFORMAÇÕES DE MERCADO

A identificação de novas oportunidades de negócios exige o conhecimento das necessidades do mercado e dos clientes potenciais. Freqüentemente, o empreendedor evita estudos de mercado, imaginando que isso se aplica apenas a grandes negócios e a empresas já estabelecidas. Há uma crença generalizada de que a pesquisa é cara e que só pode ser conduzida por especialistas. É importante esclarecer, porém, que há muitos tipos de pesquisas. Algumas podem ser inclusive realizadas pelo próprio empreendedor a custos relativamente baixos.

Nesse ponto, deve-se distinguir o levantamento de informações secundárias das informações primárias de mercado. A recomendação para o empreendedor é a de que ele procure esgotar as fontes de informação secundária, antes que considere a possibilidade de realizar levantamentos primários, qualitativo ou quantitativo. No Quadro 3.1, apresentam-se vantagens e desvantagens de cada uma das abordagens.

Quadro 3.1 Vantagens e desvantagens dos levantamentos primário e secundário de informações de mercado

	Dados secundários	Dados primários
Vantagens	Grande disponibilidade de informações com custo baixo.	Informações mais voltadas para as necessidades do negócio.
Desvantagens	Informações podem estar desatualizadas ou não se encaixarem ao problema.	Maior quantidade de trabalho, alto custo.

Levantamento de informações secundárias de mercado

O objetivo do levantamento de informações secundárias de mercado é o de reunir o maior número possível de dados disponíveis que permitam conhecer a demanda e a oferta de um produto ou serviço, analisar tendências do setor com o propósito de se compreender a fase de ciclo de vida do produto, identificar janelas de oportunidade, determinar o potencial de mercado e estimar a eventual participação do negócio no mercado.

As informações secundárias podem ser obtidas a partir de levantamentos disponíveis em associação de classe e sindicatos, órgãos do governo, universidades e jornais e revistas setoriais e especializadas. A Internet facilitou bastante a busca por informações secundárias; muitos sites do governo, de associações de classe e de organizações do terceiro setor disponibilizam informações relevantes para o início de um levantamento de mercado e da concorrência. A seguir, temos uma lista de alguns sites que podem ajudar nessa busca.

Instituto Brasileiro de Geografia e Estatística (IBGE) (www.ibge.gov.br)

Possui uma enorme quantidade de informações relacionadas aos censos, taxas de crescimento populacional, produção comercial, industrial e agropecuária. Tais informações podem apoiar na definição de políticas públicas e tomadas de decisões de investimento, na área pública ou privada. Constituem ainda fonte de referência sobre a situação de vida da população nos municípios e em seus recortes internos, como distritos, bairros e localidades, rurais ou urbanas, cuja realidade depende de seus resultados para ser conhecidas e ter seus dados atualizados.

Sistema Estadual de Análise de Dados – Fundação Seade (www.seade.gov.br)

A Fundação Seade é uma instituição pública ligada à Secretaria de Economia e Planejamento do Governo do Estado de São Paulo, com história secular de produção de estatística. Descendente da Repartição de Estatística e Arquivo do Estado, criada em 1892, é herdeira e depositária de um importante acervo de informações demográficas sobre o Estado de São Paulo. Nesse site será possível encontrar informações demográficas interessantes, além de dados estratificados de emprego e desemprego por setor de atividade, o que ajudará o empreendedor a compreender em que momento do ciclo de vida encontra-se determinado setor ou tipo de negócio.

Site Oficial do Governo Federal (www.brasil.gov.br)

Integra e dispõe de informações dos diversos ministérios e outros órgãos de governo, reunindo dados sobre agricultura e pecuária, assistência e previdência sociais, ciência e tecnologia, demografia, economia e negócios, educação, infra-estrutura, meio ambiente, saúde, trabalho, emprego e turismo.

Ministério da Ciência e Tecnologia (MCT) (www.mct.gov.br)

Disponibiliza diversos indicadores de investimento em ciência e tecnologia, pesquisa e desenvolvimento, produção científica, patentes, entre outros. Possui legislação relativa à propriedade intelectual, meio ambiente, ecossistema, incentivos fiscais, tecnologia de informação e tratados e acordos internacionais. Há ainda orientações relativas a apoio financeiro nacional e internacional para programas e projetos de desenvolvimento científico e tecnológico, incluindo fundos setoriais, links com agências de fomento à pesquisa e linhas de crédito abertas para o apoio à ciência e à tecnologia.

Instituto Nacional da Propriedade Intelectual (INPI)
(www.inpi.gov.br)

Traz definições de marcas e patentes, condições e prazos de validade, obrigações do titular, procedimentos para solicitação e acompanhamento de processo administrativo. O site possui ainda base de dados com possibilidade de pesquisa de marcas e patentes solicitadas e em processo de análise, que poderá auxiliar o empreendedor a buscar proteger seu capital intelectual, por meio de registro de marca ou pedido de patente para uma invenção ou um modelo de utilidade.

Serviço Brasileiro de Apoio às Micro e Pequenas Empresas (Sebrae)(www.sebrae.com.br)

Possui diversas informações e serviços para o empreendedor e os micro e pequenos empresários. Disponibiliza estudos sobre causas de mortalidade de novos negócios, perfil empreendedor, economia informal, comércio exterior, entre outros. Possibilita o acesso a informações relacionadas a arranjos produtivos locais (aglomerações geográficas de empresas por especialidade setorial) e cadeia produtiva (etapas pelas quais passam e vão sendo transformados e transferidos os diversos insumos, em ciclos de produção, distribuição e comercialização de bens e serviços). Integra os sites das diversas unidades estaduais do Sebrae, com informações específicas de cada região.

Ministério das Relações Exteriores (www.brasiltradenet.gov.br)

Site vinculado ao Ministério das Relações Exteriores, possui publicações e conteúdos relativos a: informações sobre os sistemas jurídico, cambial e fiscal no Brasil, guia completo sobre as diversas etapas e procedimentos do processo exportador brasileiro, estatísticas da demanda e da oferta de 5.300 produtos em 180 mercados, orientação de tarifas e barreiras de acesso a mercados, análises de mercado para mais de 5 mil produtos em 72 áreas e conteúdo socioeconômico sobre o Brasil.

Como as informações não estão prontas, o empreendedor deve ser persistente e criativo na perseguição dos dados. Imagine, por exemplo, que o empreendedor deseje lançar no mercado um novo produto para o combate das pulgas em cães e gatos e, para tanto, queira estimar o porte desse mercado e sua tendência de crescimento nas grandes metrópoles brasileiras, mas após busca persistente não consiga obter o número de pessoas que têm animais domésticos nas residências, para esse mercado potencial. Nesse caso, o empreendedor poderia levantar a informação de forma indireta, por meio do levantamento de consumo de ração, junto aos fabricantes, nesses centros urbanos – com base em pesquisas que apresentem o percentual de animais que são alimentados com ração –, e, assim, estimar qual o tamanho do mercado para o seu produto.

Levantamento de dados primários

Muitas vezes o levantamento de dados primários tem caráter exploratório, tanto quanto os levantamentos de dados secundários. Isso ocorre especialmente na pesquisa qualitativa, que ajuda a complementar as informações exploratórias de mercado. Tomando-se novamente o exemplo do produto antipulgas para cães e gatos, o empreendedor desejaria saber o que os criadores de cães profissionais e casuais pensam a respeito dos remédios atualmente disponíveis no mercado. Assim, poderia selecionar três diferentes grupos para dialogar: criadores profissionais, criadores casuais e veterinários. Para realizar um levantamento qualitativo de opinião, junto ao primeiro grupo, poder-se-ia aproveitar um evento como uma exposição de criadores e solicitar breve período de tempo de determinado grupo de expositores para saber o que pensam sobre os produtos disponíveis no mercado atual. Isso poderia ser feito por meio de uma abordagem individual ou em grupo. Da mesma forma, em um final de semana, em parques públicos, poderia ser uma excelente ocasião para se obter informações dos criadores domésticos ou *casuais*. Finalmente, um congresso de veterinária poderia ser uma situação oportuna para conhecer a opinião de especialistas, que, nesse caso, são importantes formadores de opinião.

Muitas vezes a pesquisa qualitativa já é suficiente para se compreender genericamente o problema. No exemplo mencionado, o empreendedor poderia, por meio desses levantamentos de dados, entender questões relacionadas a qualidades e deficiências dos produtos atuais, problemas de distribuição e preço, entre outros. Segundo Malhotra (2002), a pesquisa qualitativa proporciona melhor visão e compreensão do contexto do problema, enquanto a pesquisa quantitativa procura quantificar os dados e aplica alguma forma da análise estatística. Para o autor, sempre que se observar um novo problema de pesquisa de mercado, a pesquisa quantitativa deve ser precedida da pesquisa qualitativa apropriada. Quando se utilizam pesquisas qualitativas para se explicar resultados de levantamentos quantitativos, comete-se um importante erro de se usar essas informações conclusivamente.

A pesquisa qualitativa pode se utilizar de abordagem direta ou indireta. Na abordagem direta, os objetivos do levantamento são revelados ou são óbvios pela própria natureza do questionamento. Porém, esse método pode ser ineficaz em casos em que o tipo de levantamento gere algum constrangimento para os respondentes, ou quando as necessidades ou preferências não se manifestem de forma muito consciente. Um grupo de escolas particulares de São Paulo pretendia conhecer as razões pelas quais os pais escolhiam a escola dos filhos. Por meio de técnicas de respostas espontâneas conseguiram determinar que fatores como localização, linha pedagógica e desempenho na aprovação do vestibular estavam entre os principais atributos. O preço, por sua vez, já não representava um fator de grande relevância. O *status* proporcionado pela "grife" de determinadas escolas tradicionais de São Paulo surgia como fator de peso com importância relativa mínima. Ao analisar a pesquisa, alguns diretores de escola imediatamente desconfiaram de suas conclusões. E com razão, já que pela experiência pessoal e profissional, eles sabiam subjetivamente que, assim como o automóvel da família, a escola dos filhos era um fator de *status* para os pais. O questionamento, porém, deveria ser feito por meio de abordagem indireta, ou seja, adotando-se um tipo de pesquisa em que os objetivos do projeto estejam disfarçados dos respondentes. Para esse tipo de levantamento, é bastante comum o uso de técnicas projetivas. Segundo Malhotra (2002), técnica projetiva é uma "forma não-estruturada e indireta de questionário que incentiva os entrevistados a projetarem suas motivações, crenças, atitudes ou sensações subjacentes sobre os problemas em estudo". Nesse caso, pede-se aos entrevistados que interpretem o comportamento de outros e não o deles, que faça associações com palavras, imagens, situações ou outros estímulos. Esse tipo de técnica pode ser muito útil, quando se pretende lançar uma nova campanha, selecionar embalagens ou nomes para novos produtos, estabelecer opções de modelos e cores de um produto etc.

Quando se trata de abordagem direta, há dois principais métodos utilizados: entrevistas de grupos de enfoque e entrevistas em profundidade. No primeiro caso, seleciona-se um moderador para liderar a discussão de um grupo formado por oito a doze pessoas, consideradas pertencentes ao mercado-alvo, então deve-se estimulá-las a falar sobre assuntos direcionados pelas questões encaminhadas pelo moderador. Essa técnica tem o valor de trazer resultados inesperados, que emergem das discussões livres dos grupos, e, ao contrário de pesquisas quantitativas e amostrais, que tendem a ser mais caras, os grupos de enfoque podem ter custos reduzidos. Segundo Malhotra (2002, p. 157), o custo para a realização de uma entrevista de grupo de enfoque para dez pessoas, em 1999, era de US$ 4 mil, incluindo o honorário do moderador, locação das instalações, transporte, alimentação, análise do relatório e mesmo o incentivo aos participantes (US$ 300 = US$ 30 x 10). Essa abordagem traz ainda outros benefícios em relação às entrevistas individuais. Um deles é o chamado efeito bola de neve, que possibilita que os comentários de uma pessoa desencadeiem uma série de outros comentários sucessivamente. A flexibilidade e a abertura dessa técnica também possibilitam maior espontaneidade das respostas e descobertas inesperadas. Finalmente, esse enfoque tem a vantagem de ser rápido, já que se obtém, em uma única sessão, a opinião de diversos entrevistados simultaneamente. As entrevistas em profundidade constituem outro método de obtenção de dados qualitativos. Elas podem ser definidas como entrevistas não estruturadas, diretas e pessoais em que um único respondente é testado por um entrevistador treinado, para descobrir suas motivações, crenças, atitudes e sensações. Como o próprio nome diz, essa abordagem é comumente utilizada em situações complexas ou delicadas em que se deseja obter um conhecimento mais profundo de razões e de desejos do cliente, o que seria inapropriado em um grupo de enfoque.

Os métodos quantitativos de levantamento de dados são em geral mais trabalhosos, demorados e custosos e visam muitas vezes confirmar uma informação que está sendo buscada para a tomada de decisão. Esse tipo de pesquisa, quando concebida para uma melhor compreensão de mercado, acaba se tornando economicamente inviável para o pequeno empreendedor. Na realidade, nem sempre ela é efetivamente importante para a tomada de decisão de lançar ou não um novo produto.

capítulo 4

Definição do Negócio: Conceito, Estratégia e Modelo de Negócios

A definição de um novo negócio requer a identificação dos aspectos relativos ao seu conceito, modelo e estratégia competitiva. Embora esses termos estejam fortemente relacionados, não são sinônimos, uma vez que o entendimento correto dessas questões ajuda o empreendedor na adequada definição de um novo negócio.

CONCEITO DO NEGÓCIO

Qualquer negócio pode ser definido em função de três dimensões: a) **quem** deve ser atendido pelo negócio (grupos de cliente ou públicos-alvo); b) **quais** são as principais funções dos produtos e serviços (necessidades atendidas); e c) **como** serão atendidas as necessidades (produtos e serviços ofertados). A declaração da missão do negócio pode derivar justamente dessas dimensões e ajuda a delimitar e enfocar as ações e os esforços do novo negócio.

De forma simples, pode-se dizer que a missão exprime a razão de ser da organização, orientando e delimitando suas ações em função de seus clientes e demais interessados. Uma vez que ela seja detalhada, ajuda a concentrar os esforços em uma direção comum, a assegurar que a organização não persiga propósitos conflitantes e a priorizar estratégias e diretrizes, servindo ainda para alocar recursos do negócio. As figuras a seguir exemplificam como o conceito de negócio pode ser segmentado nas três dimensões, ou em duas delas, caracterizando uma estratégia de nicho.

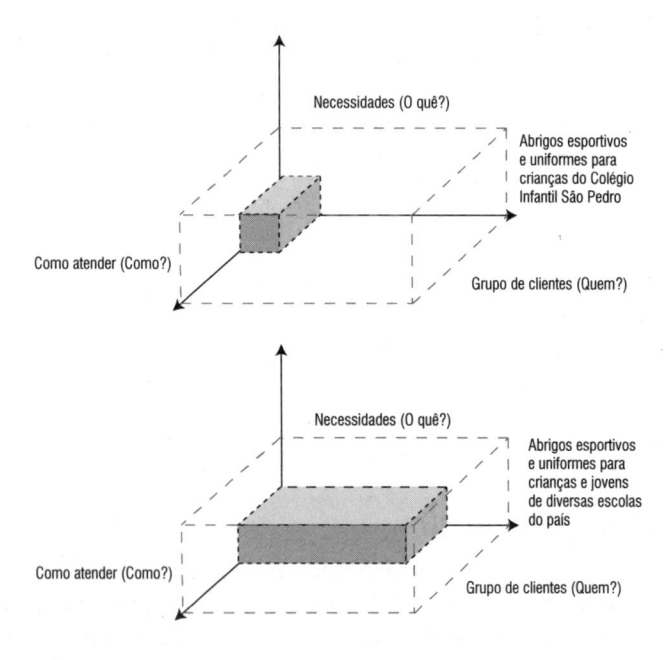

Recomenda-se que novos e pequenos negócios utilizem estratégias de nicho, ou seja, que procurem o enfoque no atendimento segmentado de um ou mais desses vetores (Abel, 1991). Isso poderá ser, inclusive, a base para o diferencial competitivo, tão importante para a criação bem-sucedida de um novo negócio. Estratégias diversificadas ou multissegmentadas, nas quais são definidas diferentes linhas de produtos para alcançar diferentes públicos com diferentes necessidades, devem ser concebidas em uma etapa posterior, quando a ênfase seja a expansão do negócio. O exemplo da empresa Pigatto ilustra bem a importância da estratégia de nicho para a pequena empresa.

Quando demitir o consumidor

A gaúcha Pigatto precisou tomar a difícil decisão de dispensar clientes para avançar no setor de logística. Deu certo. Em sete anos, o faturamento cresceu mais de 30 vezes.

Em 1998, o empresário gaúcho Alexandre Pigatto, hoje com 36 anos, tomou uma decisão estratégica que poucos empreendedores teriam coragem de levar adiante. De uma tacada só, ele rompeu os laços com quase todos os 170 clientes que sua empresa de agenciamento de cargas aéreas – a Pigatto – amealhara desde o início da década de 90. Ao mesmo tempo, deixou de prestar serviços que rendiam escassa margem de lucro, como o transporte de envelopes e documentos. Fixou-se em apenas oito clientes e num nicho específico – o transporte de urgência, que chega a render dez vezes mais que o mercado convencional. A decisão mostrou-se acertada. Em 2005, o faturamento de sua empresa fechou em R$ 31,5 milhões, 61% mais do que no ano anterior. O número de clientes alcançou 322 – quase o dobro em relação ao ano da virada.

"Eu me sentia como um clínico-geral que decide atender apenas pacientes com problemas cardíacos", diz Pigatto, filho e neto de caminhoneiros, que fundou sua empresa com apenas 20 anos de idade. Entre os clientes escolhidos para ficar, estavam, na maioria, empresas do setor automotivo, que, por não trabalhar com estoques altos, vez por outra vêem-se obrigadas a transportar componentes por via aérea para não paralisar suas linhas de produção. Hoje, a empresa presta serviços às principais montadoras do país, como General Motors, Fiat, Ford e Volkswagen. Há cerca de dois anos, a ausência de uma peça na linha de produção da Ford em Camaçari, na Bahia, colocou em risco o lançamento do Fiesta Flex. Imediatamente, Pigatto foi acionado e, em menos de quatro horas, a peça fabricada pela Bosch, no interior paulista, estava na linha de produção da fábrica baiana.

Até o final de 2006, a Pigatto quer pôr em prática dois novos projetos. O primeiro pretende abastecer os fabricantes de motocicletas da Zona Franca de Manaus, e o segundo, distribuir peças em concessionárias de automóveis. Há ainda um terceiro projeto em estudo, com o qual inicialmente o empresário não espera ganhar dinheiro, mas apenas cobrir custos – o transporte de órgãos para transplantes. "Esse é um projeto institucional, com a intenção de salvar vidas", diz. "Parar uma linha de produção causa grandes prejuízos, mas a perda de um órgão por questões logísticas que podem ser solucionadas é algo que não tem preço."

(Extraído de Revista *Exame*, 6 jul. 2006, por Arlete Lorini.)

Enquanto a missão define o conceito do negócio na atualidade, a visão refere-se a um estado futuro ambicioso e desejável, relacionada com as partes interessadas, e superior, em algum aspecto importante, ao estado atual. A visão de futuro desempenha importante papel de fonte de inspiração e de guia de tomada de decisão para as pessoas de uma organização.

ESTRATÉGIA EMPRESARIAL

Fazendo uma analogia com a *A origem das espécies*, clássico estudo de Charles Darwin, Henderson (1989) propôs, em seu texto *A origem da estratégia*, que "a diferença entre você e seus competidores é a base de sua estratégia". Para ele, dois competidores não poderão coexistir se buscarem fazer negócios exatamente da mesma forma. Para sobreviver, precisarão diferenciar-se, a fim de buscar uma vantagem única para seus negócios. Muitas variáveis podem ser utilizadas para se buscar a diferenciação. As mais comuns são qualidade, preço, atendimento e localização. Na medida em que o ambiente torna-se mais competitivo, com o aumento da concorrência, mais é necessária a existência de uma "especialização" do negócio a partir da combinação das muitas variáveis de diferenciação. Não é difícil compreender essa idéia quando tomamos o exemplo de um consultório médico. Se o profissional der início a sua clínica em uma pequena cidade do interior, terá menor mercado e concorrência e talvez seja melhor que ele inicie seu consultório como clínico-geral. Se, ao contrário, abrir sua clínica em uma grande e desenvolvida metrópole, terá de buscar formas mais claras de diferenciação, provavelmente na escolha de sua especialidade.

A avenida Consolação, na altura da avenida Paulista, na cidade de São Paulo, formou um curioso conglomerado (*cluster*) urbano, especializado em lustres, abajures e luminárias. O pedestre que por ali caminha fica impressionado com a quantidade de lojas especializadas no ramo. O ponto ficou tão famoso por essa característica que, atualmente, recebe pessoas que vêm de outras cidades para procurar lustres e abajures. Assim, ironicamente, quando se indaga a um empreendedor qual localização ele escolheria para abrir uma loja de iluminação, a resposta vem de maneira inequívoca: na rua da Consolação – justamente no ponto em que ele terá maior concorrência, embora tenha também maior mercado. A diferenciação de produtos, serviços, preços e outras variáveis será fundamental em um ambiente com maior competição. Como no caso da variedade das espécies, quanto mais risco houver no ambiente, maior será a competição, mas maiores serão os fatores de diferenciação.

Michael Porter, um dos nomes mais conhecidos em estratégia empresarial da atualidade, defende que "estratégia competitiva diz respeito a ser diferente, significa escolher um conjunto de atividades diferenciadas para entregar um único mix de valor ao cliente"(1996). Para ele, as vantagens competitivas surgem de baixo custo ou diferenciação, que podem ser combinadas com o escopo de atuação da empresa (gama de segmentos de mercados visados) para produzir as estratégias competitivas. A combinação dessas dimensões resulta nas estratégias baseadas em liderança em custo, diferenciação ou foco. O posicionamento estratégico de um negócio emergirá da combinação e até sobreposição desses aspectos (ver a Figura 4.1).

Vantagem competitiva

		Baixo custo	Diferenciação
Escopo competitivo	Alvo amplo	1. Liderança em custo	2. Diferenciação
	Alvo estreito	3A. Foco em custo	3B. Foco na diferenciação

Fonte: Porter (1985).

Figura 4.1 Estratégias genéricas.

Para Porter (1985, p. 12), "ser tudo para todos é uma receita para a mediocridade estratégica e desempenho abaixo da média". As empresas precisam fazer uma opção estratégica para obter vantagem competitiva. Dentre as possíveis opções destacam-se:

1. Liderança em custo

Essa estratégia visa ser o produtor de baixo custo no setor e é realizada por meio do ganho de experiência, do investimento em instalações para a produção em grande escala, do uso de economias de escala ou do monitoramento cuidadoso das operações. Embora esse tipo de estratégia esteja tradicionalmente associada a grandes empresas, com o avanço da tecnologia de informação e da automação industrial, pequenas empresas têm conseguido competir em custo.

2. Diferenciação

Envolve o desenvolvimento de produtos ou serviços únicos, com base na fidelidade à marca. Uma empresa pode oferecer qualidade superior, melhor desempenho ou características únicas, podendo cobrar preços mais altos pela diferenciação. Essa é, em geral, a estratégia utilizada por pequenas empresas em busca de nichos específicos e exigentes de mercado, como vimos no exemplo da empresa Flores Online.

3. Foco

Procura atender segmentos de mercado estreitos. Uma empresa pode focalizar determinados grupos de clientes, linha de produtos ou mercados geográficos. A estratégia pode ser de foco na diferenciação, pela qual as ofertas são diferenciadas no mercado-alvo ou de foco em custo, pela qual a empresa vende a baixo custo para alcançar seu público.

Estratégia de nicho

A estratégia de nicho refere-se a uma opção estratégica na qual o empreendedor busca isolar-se dos concorrentes, estabelecendo como alvo segmentos especiais de mercado (Longenecker, 1998). Como vimos na definição do conceito de negócio, a estratégia de nicho significa atuar em grupos específicos de clientes, atendendo necessidades específicas, oferecendo produtos específicos. Na realidade, a diferenciação ou segmentação pode ser obtida por meio das mudanças nos principais elementos de marketing, como preço, *design* ou atributos do produto, serviço, embalagem etc.

Esse tipo de estratégia é especialmente atraente para pequenas empresas, especialmente como estratégia de entrada em novos mercados, pois, dessa forma, conseguem escapar da concorrência direta de gigantes da indústria. O caso da AMP ilustra bem esse tipo de estratégia. José Américo, filho de proprietários de uma ótica infantil na cidade de São Paulo, identificou uma oportunidade de negócios quando a 3M, única fabricante de oclusores para tratamento de estrabismo em crianças, descontinuou esse produto no Brasil. Com o objetivo de atender ao público da ótica de seus pais e ocupar essa brecha de mercado, José Américo iniciou a fabricação do adesivo ocular, com a marca Oftam, em um pequeno imóvel em São Paulo. Logo começou a participar de congressos na área médica, que eram importantes eventos para estabelecer relacionamento com os médicos oftalmologistas, seus principais clientes.

Foi em um desses eventos, em conversa informal com uma congressista afro-descendente, que lhe ocorreu a idéia de lançar um produto étnico no mercado paulista. O *insight* surgiu quando ela se queixava dos curativos que se diziam cor da pele, mas que na verdade atendia apenas à população de pele branca. Aproveitando a capacidade ociosa de suas máquinas de produção dos oclusores, José Américo iniciou a fabricação do Color-Aid, em duas tonalidades distintas, para peles negras e morenas. Além disso, passou a fazer propaganda do produto em revistas especializadas para esse público. Apesar de seu grande esforço em diferenciar-se, o empreendedor sabia que seu produto não teria forte proteção para novos entrantes. Isso porque ao modificar apenas a cor do curativo, não seria possível a obtenção de uma patente de invenção, nem de modelo de utilidade. Entretanto, José Américo sentia-se confortável em atender a uma brecha de mercado que aparentemente não interessava aos gigantes da indústria, em especial ao consagrado Band-Aid, da Johnson & Johnson. Sabia também que não deveria arriscar-se a atacar a concorrência de frente fabricando, por exemplo, curativos tradicionais.

Sempre buscando diferenciar-se para atender a um nicho específico de mercado, o proprietário da AMP identificou uma nova oportunidade, dessa vez modificando a embalagem. Observando a dificuldade das enfermeiras no uso de pequenos curativos após picadas de injeção, nos laboratórios, bancos de sangue, postos de saúde ou em outras situações em que necessitassem estancar o sangue da picada de agulha, José Américo convenceu-se de que poderia desenvolver uma embalagem mais prática e higiênica do que os pequenos envelopes que tinham de ser rasgados a cada aplicação de injeção. Nascia assim o Blood Stop, com embalagem higiênica e prática, inspirada na embalagem dos reforços de fichário, a partir da qual os profissionais de saúde poderiam desembalar e aplicar os curativos, usando apenas uma das mãos para puxar a fita de adesivos. Dessa vez o empreendedor teve melhor sorte, pois conseguiu a patente de modelo de utilidade para a embalagem, protegendo por algum tempo sua inovação.

Ao criar um novo negócio, o empreendedor pode querer explorar também nichos geográficos de atuação, atendendo regiões que não são interessantes para as grandes empresas. O texto a seguir apresenta exemplos interessantes dessas "estratégias de lugarejo".

Eles são os reis do pedaço

SUCESSO LOCAL
Quem visita o Maranhão sempre se surpreende com a bebida cor-de-rosa que acompanha as refeições da população local há oito décadas e já ameaçou até mesmo as vendas da Coca-Cola. Criado por um farmacêutico na década de 20, em São Luís, o Guaraná Jesus faz parte da cultura maranhense. "São 20 milhões de litros por mês, distribuídos em 30 mil pontos-de-venda no Maranhão e parte do Tocantins, que asseguram 21,3% do mercado", contabiliza Hector Nunez, diretor-geral do Grupo Lago, responsável pela Companhia Maranhense de Refrigerantes, fabricante da bebida.
O Guaraná Jesus é um bom exemplo do potencial dos produtos de caráter regional, que dominam mercados de fronteiras bem marcadas e geram lucros sem se preocupar com a expansão para outras áreas. Atravessando décadas, muitos deles asseguram seu espaço mesmo diante da acirrada concorrência de marcas de expressão nacional. A própria extensão territorial do país e sua diversidade cultural estimulam negócios nessa linha. E ainda há a questão de logística. "Poucas são as grandes empresas, incluindo-se as multinacionais,

que têm competência para cobrir o Brasil do Oiapoque ao Chuí", lembra Sílvio Bugelli, sócio da TCA Consultores.

PALMA DA MÃO

A maior vantagem de quem opta por ser o rei de um território de linhas bem definidas, na visão dos consultores, é conhecer sua clientela como a palma da mão. "Eles têm uma leitura mais precisa das necessidades e mudanças daquele universo, pautando seu crescimento e suas estratégias na medida exata do comportamento de seu público-alvo", ensina Bugelli. Além disso, a fidelização da clientela é tamanha que, mesmo sendo pequena e tendo o produto disponível apenas em alguns pontos de grande visibilidade na região, na mente do consumidor a empresa parece grande e poderosa.

SÓ NO LITORAL

Cercar o cliente e marcar presença em todo o litoral norte de São Paulo, dando a sensação de ter um ponto em cada praia, foi a estratégia adotada pela Anatômica, da empresária Lourdes Denize Carbone, especializada na confecção e venda de moda praia e fitness. Aberta em Juqueí, distrito de São Sebastião (SP), em 1995, a empresa conta seis unidades na região e sua proprietária gaba-se de ter movimento mesmo durante os meses de inverno. Sempre acompanhando as tendências da moda, mas sem exageros, a marca ganhou a preferência da clientela pelo atendimento diferenciado e por iniciativas de boa vizinhança com a comunidade.

Para tornar a confecção mais conhecida, a empresária recorreu à distribuição de panfletos, criou banners, minicatálogos e também patrocina o uniforme e a barraca dos fiscais das praias próximas. "Foi o merchandising mais acertado, porque sou lembrada em toda a orla sem muito esforço", conta. Com produção média de 13 mil peças mensais e faturamento anual de R$ 600 mil, a Anatômica não tem planos para crescer além do litoral norte. Pelo contrário, seus esforços se concentram no aprimoramento das lojas, que em breve ganharão também um café. "Nesses anos, assistimos a concorrência abrir e fechar as portas. Nós, ao contrário, crescemos, o que prova que estamos no caminho certo", diz a empresária.

DONO DO QUINTAL

Foi para não cair ao primeiro tropeço que Valdomiro Bergamini pesquisou muito o mercado antes de lançar em Jundiaí (SP), em 1980, os primeiros carrinhos do picolé Jundiá. Ganhou a freguesia pelo preço e pela qualidade do produto de sabor caseiro. Antes de fornecer para supermercados e outros pontos-de-venda, abriu sua própria sorveteria, contratou um profissional experiente no varejo de gelados na região e ajustou a embalagem à legislação. Hoje são doze produtos, cerca de 35 mil litros de sorvetes produzidos por dia, 3 mil pontos-de-venda no interior do Estado e uma receita anual que beira os R$ 2,5 milhões. Seu maior mercado é a cidade de Jundiaí, com 80% das vendas, onde briga nas mesmas condições com as grandes marcas nos supermercados.

"A propaganda boca a boca ainda é a minha melhor ferramenta, aliada à qualidade do produto e ao preço, 30% mais baixo do que a marca líder", explica Bergamini. Para o empresário, o segredo do bom desempenho está em dominar o próprio quintal, pois é nesse território que se criam as raízes capazes de levar o negócio a um crescimento sólido. É também o que os especialistas recomendam. Se não dá para ser importante no país todo, o caminho é reinar em território marcado.

(Extraído de *Pequenas Empresas Grandes Negócios*, n. 155, 1º dez. 2001, por Kátia Simões.)

O modelo de Porter de análise competitiva

Porter (1980) identifica cinco forças no ambiente de negócios que podem influenciar a sua competitividade. Essas forças competitivas em geral são próprias de cada setor, o que poderá auxiliar o empreendedor a levantar riscos e vantagens de atuar naquele segmento de negócio. A Figura 4.2 ilustra as forças competitivas de Porter.

Ameaça de novos entrantes

Para se ter acesso a certos mercados as empresas têm de superar as barreiras de entradas. Elevados investimentos, alto nível tecnológico, conhecimento especializado, necessidade de economias de escala e mercados regulamentados atuam em geral como barreiras para novos entrantes. Pode-se dizer que quanto menor essas barreiras, mais competitivo será o ambiente de negócios e menores chances de diferenciação e, portanto, de sobrevivência do empreendedor. Ao contrário, se o empreendedor conhece as regras de determinado setor ou possui conhecimentos técnicos específicos, esses fatores, por si só poderão atuar como barreira de entrada para outros "aventureiros". Como mostramos no início do livro, negócios medianos ou com poucas perspectivas de crescimento estão em geral associados a setores com baixa barreira para novos entrantes.

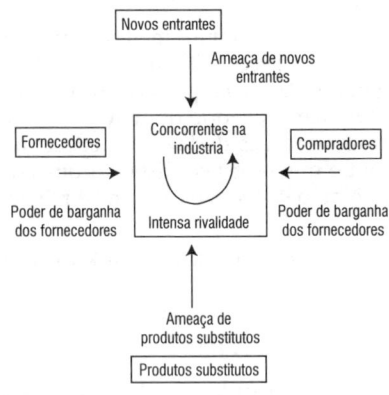

Fonte: Porter (1980).

Figura 4.2 As forças competitivas de Porter.

Ameaça de produtos substitutos

Em um mercado altamente dinâmico, não é suficiente analisar a concorrência atual ou a possibilidade de novos entrantes no setor. Deve-se também observar como novos produtos ou serviços podem transformar aquele segmento de atuação. Como mencionado no Capítulo 3, as operadoras de *pager* (mensagem eletrônica), após uma rápida expansão até meados dos anos 1990, no Brasil, parecem ter subestimado a velocidade de expansão da telefonia celular e acabaram, em sua maioria, por desaparecer. Da mesma forma, a TV por assinatura pode representar um produto substituto para as videolocadoras ou as empresas aéreas podem ameaçar as empresas de transporte urbano.

Poder de barganha dos clientes

Quanto menos opções os clientes tiverem, menor será seu poder de barganha. Mercados com clientes concentrados e organizados tendem a produzir grande poder de negociação dos compradores, especialmente quando há muitos fornecedores de produtos e serviços. Considere, por exemplo, os diversos fabricantes de peças automotivas que têm como seus clientes as poucas montadoras existentes no país. Esses fabricantes terão baixo poder de negociação junto à industria automotiva, que, além de tudo, passou a fazer compras compartilhadas. Agora, suponha que um hospital ou um laboratório necessite comprar um equipamento de imagem, que tenha apenas um ou dois fabricantes. Obviamente, esses fornecedores, por serem numericamente reduzidos, terão enorme poder de barganha em relação ao comprador.

Poder de barganha dos fornecedores

Essa força competitiva atua de forma idêntica, mas em sentido oposto ao poder de barganha dos clientes. Nesse caso, se o empreendedor ou pequeno empresário necessita de uma matéria-prima escassa, ou produzida por um grande fabricante ou por um mercado oligopolizado (por exemplo, chapa de aço ou produtos petroquímicos), ele terá poder de negociação muito reduzido perante esses fornecedores. Uma estratégia possível será a associação com outros pequenos empresários, a fim de aumentar o poder de barganha junto a esses grandes fornecedores.

Intensidade da rivalidade

Todos os fatores anteriormente considerados convergem para esse que, segundo Porter (1980), é o cruzamento entre guerra aberta e diplomacia pacífica. Em função dessa variável, as empresas tentam conquistar posições, adotar estratégias para combater a concorrência ou até formular alianças com ela, de modo a combater, por exemplo, um novo entrante ou produto substituto ou fazer frente a um grande fornecedor.

Passos para a formulação de estratégias

O Modelo SWOT é um dos mais populares e influentes métodos de formação da estratégia. Seus conceitos-chave continuam a formar a base dos cursos de graduação e de mestrado em estratégia, bem como grande parte de prática da administração estratégica. Professores, consultores e planejadores em todo o mundo aplicam exaustivamente a noção do Modelo SWOT – a avaliação dos pontos fortes (*Strengths*) e dos pontos fracos (*Weaknesses*) da organização à luz das oportunidades (*Opportunities*) e das ameaças (*Threats*) em seu ambiente. Em sua versão mais simples, o modelo de formulação de estratégia busca adequação entre as capacidades internas e as possibilidades externas. Nas palavras dos proponentes mais conhecidos dessa escola: "A estratégia será vista como a união entre qualificações e oportunidade que posiciona uma empresa em seu ambiente" (Porter e Montgomery, 1998).

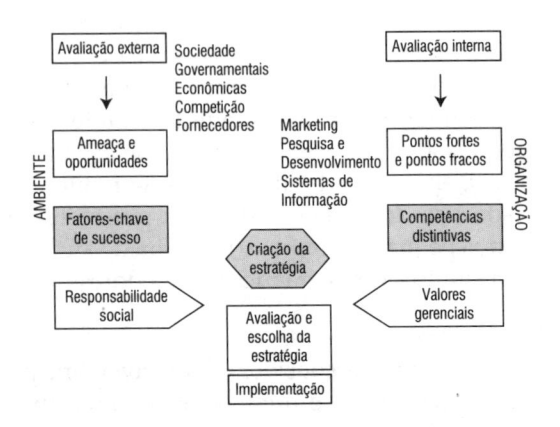

Figura 4.3 Modelo SWOT para a formulação de estratégias.

Todas as empresas são afetadas por quatro forças macroambientais: as políticas legais, as econômicas, as tecnológicas e as sociais. Embora algumas vezes organizações muito grandes (ou várias empresas associadas) tentem influenciar a legislação ou, por meio de pesquisa e desenvolvimento (P&D), abram caminho a mudanças tecnológicas ou sociais, essas forças macroambientais não estão, em geral, sob controle direto das organizações. Portanto, o objetivo da formulação estratégica é criar condições para que a empresa opere com eficácia diante de ameaças ou restrições ambientais e possa também capitalizar as oportunidades oferecidas pelo ambiente. Para a formulação das estratégias é necessário não apenas identificar as oportunidades e as ameaças do ambiente externo, mas fazer um levantamento dos pontos fortes e dos pontos fracos da organização (ambiente interno). Na Figura 4.3, ilustram-se as variáveis utilizadas na análise SWOT.

O modelo apresentado sugere, portanto, as seguintes etapas na formulação de estratégias (Harvard Business Essentials, 2005):

1) Análise do ambiente externo para identificar ameaças e oportunidades

No nível mais elevado do planejamento estratégico está a análise do ambiente externo. Qualquer que seja o negócio, sempre haverá algum tipo de ameaça externa que pode estar relacionada a mudanças demográficas, transformações na política econômica, mudança da regulamentação, novas tecnologias etc. O modelo das forças competitivas, apresentado anteriormente, pode ajudar nesse tipo de análise. O negócio pode estar ameaçado por novos entrantes com preços mais competitivos, elevação de preços dos fornecedores, produtos substitutos surgindo no mercado etc. Oportunidades também poderão ser vislumbradas, por exemplo, a emergência de um mercado ou uma necessidade não atendida, a descoberta de nova tecnologia que possibilita o aperfeiçoamento de um produto, entre outros. Questões-chave a serem respondidas nesse nível da estratégia são:

- Qual é o ambiente econômico que devemos operar? Como ele está se transformando?

- Quais oportunidades de negócios rentáveis estão surgindo?
- Quais são os riscos associados às oportunidades e aos potenciais cursos de ação?

2) Análise do ambiente interno para a identificação de recursos, capacidades e práticas

Recursos e capacidades internas podem atuar como fatores restritivos na escolha estratégica, especialmente no caso de novos e pequenos negócios com ativos e número limitado de pessoas. Uma oportunidade identificada na indústria de informática, por exemplo, poderá ser viável apenas se o empreendedor tiver acesso a capital para cobrir os pesados investimentos necessários. O aproveitamento de uma oportunidade na área de Biotecnologia só será possível se existirem especialistas disponíveis, por exemplo. Questões estratégicas a serem analisadas nesse ponto são:

- Quais são nossas competências como empresa? Elas nos oferecem uma real vantagem perante nossos competidores?
- Quais são os recursos disponíveis para apoiar ou limitar nossas ações?

3) Formulação das estratégias relacionadas às ameaças e às oportunidades

Devem ser priorizadas as estratégias relativas às oportunidades e ameaças (fatores-chave de sucesso). Devem ser seguidas as orientações:

- criação de diversas alternativas. Raramente há uma única forma de se fazer as coisas. Em alguns casos, partes de duas estratégias distintas podem ser combinadas de modo a se criar uma terceira estratégia;
- verificação dos fatos relativos às premissas levantadas;
- levantamento do tipo de informação que será necessária para avaliar melhor uma estratégia.

4) Adequação entre as estratégias e as atividades de apoio

Se o empreendedor possui, por exemplo, uma estratégia de atuar em um nível mais baixo de preço, ele deverá ter sistemas produtivos e de apoio com menores custos. Se a estratégia é oferecer ao cliente um serviço mais ágil e eficiente, sem fila de espera, os processos devem ser cuidadosamente desenhados e as pessoas, preparadas para esse fim.

5) Alinhamento

Depois de formuladas as estratégias, elas devem ser alinhadas a atividades e pessoas da empresa. Para tanto, deve-se garantir que as pessoas de diferentes níveis e áreas compreendam as estratégias, bem como seus papéis para sua consecução. As ações de marketing devem estar alinhadas às atividade de vendas, que, por sua vez, devem estar em consonância com o sistema de recompensa da empresa.

6) Implementação

Muitas vezes, gasta-se tempo excessivo na formulação das estratégias e seu detalhamento, e esquece-se de que ela precisará ser implementada. A implementação das estratégias requer a construção de estruturas, contratação ou formação de *staff* e definição de sistemas que necessitarão ser contemplados nos planos de ação.

MODELO DE NEGÓCIOS

A conceituação do negócio e a escolha da estratégia competitiva são etapas importantes na definição do modelo de negócio a ser adotado e são muitas vezes influenciados por ele. Segundo Magretta (2002), um bom modelo de negócios ajuda a responder às seguintes questões fundamentais do negócio:

- Quem são nossos clientes?
- Como nossos negócios adicionarão valor para esses clientes?

- Como poderemos entregar valor adicionado ao cliente com um custo apropriado?
- Como se pode ganhar dinheiro nesse negócio?

A criação dos *traveler's checks*, um dos melhores negócios de todos os tempos, ilustra bem como um novo negócio pode ser criado com base em um modelo de negócio completamente novo e, por isso mesmo, altamente rentável. Durante suas férias na Europa, em 1892, J. C. Fargo, presidente da American Express, inconformado com a dificuldade de descontar seus cheques, resolveu iniciar um negócio totalmente novo que veio a atender uma grande necessidade dos viajantes da época. Com o *traveler's check*, eles passariam a ter maior segurança (era dada garantia contra perda ou roubo) e conveniência (eram amplamente aceitos, pelo já consagrado nome da American Express). Os estabelecimentos comerciais também desempenharam papel importante no sucesso do negócio, visto que na medida em que resolviam aceitar os *traveler's checks*, conseguiam atrair os turistas para as compras, desencadeando um crescimento muito rápido da aceitação da nova modalidade do produto.

Ao conceber esse modelo de negócios, Fargo atuou como um intra-empreendedor, que, se verá adiante, pode ser definido como alguém que empreende a partir de uma estrutura corporativa, utilizando seus recursos e competências. Para a American Express, o novo negócio representou uma verdadeira máquina de fazer dinheiro, sem risco algum e com alta rentabilidade. Isso porque os turistas pagam pelos *traveler's checks* muito antes de usá-los e, em alguns casos, os guardam por muitos anos. O novo modelo de negócio trouxe ainda muita conveniência. Com ele, as pessoas passaram a ter menos receio de ser roubadas e não precisavam pegar filas ou procurar casas de câmbio em cidades desconhecidas. Por décadas, esse passou a ser o modo preferido dos turistas de viajar ao exterior. Ele se manteve até que fossem disseminados os caixas eletrônicos ou mesmo até que se ampliasse a aceitação dos cartões de crédito nos estabelecimentos comerciais. Como podemos observar nesse exemplo, um modelo de negócios de sucesso é capaz de substituir a forma antiga de se fazer algo por uma maneira totalmente inovadora que ficará em vigor, até que uma nova geração de empreendedores surja para torná-la obsoleta.

O termo "modelo de negócios" popularizou-se com o surgimento das planilhas eletrônicas, que passaram a permitir que empreendedores e investidores traduzissem suas premissas em números e assim observassem como as mudanças em algumas variáveis-chave modificariam os resultados. Após identificadas as oportunidades, a partir da concepção de um novo modelo de negócios, elas devem ser transformadas em números, no plano de negócios, para se ter noção da viabilidade econômico-financeiro do empreendimento. Entretanto, planos de negócios tendem a errar grosseiramente suas projeções quando as premissas são falsas ou exageradas.

Um exemplo notório de equívocos desse tipo ocorreu na criação da EuroDisney (Magretta, 2002). Quando foi inaugurado, em Paris, em 1992, o parque temático emprestou o mesmo modelo de negócios que havia funcionado tão bem nos Estados Unidos, imaginando-se que os europeus gastariam a mesma quantidade de tempo e de dinheiro por visita que os norte-americanos.

As principais premissas relacionadas às vendas – e, portanto, ao plano de marketing –, porém, estavam erradas. Ao contrário dos norte-americanos, os europeus não comem durante o dia todo nos diversos restaurantes e *fast-foods* instalados no parque; eles esperam estar à mesa precisamente nos mesmos horários de almoço e jantar a que estão habituados. Isso ocasionou longas e frustrantes filas para os clientes, o que contribuiu para que a EuroDisney fosse um desastre em seus primeiros anos de lançamento. Cada um dos elementos relativos ao modelo de negócios teve de ser revisto e adaptado aos europeus, antes que o parque tivesse algum sucesso. A grande força de um modelo de negócios (materializado no plano de negócios) é a sua capacidade de tentar realizar uma análise integrada, em que os diversos elementos do sistema se encaixem no todo.

Como foi visto no exemplo da EuroDisney, um modelo de negócios nem sempre é algo totalmente novo, mas copiado com os ajustes necessários para sua implementação em um novo mercado. A criação do ZipCar na cidade norte-americana de Boston é outro exemplo interessante. Com base em um modelo de *car sharing*, já existente em alguns países europeus, como Áustria, Suíça, Holanda e Alemanha, Antje Danielson e Robin Chase procuraram levar para os Estados Unidos um novo modelo de negócios (Hart et al., 2005). Criaram assim a ZipCar, cuja missão era "oferecer um novo modelo para transporte automotivo". O modelo de negócios consiste nos seguintes pontos: a empresa compartilha veículos entre seus associados, que pagam taxas de adesão, taxas de anuidade e taxas por milha rodada e por tempo de uso. Os veículos ficam espalhados em diversos estacionamentos das cidades, de tal forma que as pessoas não precisem andar muito, tenham acesso aos veículos mediante reserva feita pela Internet e podem retirar os veículos com *smart cards*, sem a necessidade de intermediação de funcionários em cada estacionamento da cidade. No momento da adesão, o cliente recebe um *zipcard*, cartão de aproximação que possibilita o destravamento do veículo reservado via Internet (embora também exista o atendimento telefônico). O sistema, patenteado pela empresa, habilita o usuário a fazer a reserva on-line, chegar ao estacionamento, ter acesso ao veículo e destravá-lo. O próprio sistema controla as milhas percorridas, o tempo de utilização e envia os dados à central para efeito de cobrança.

Com esse negócio, as empreendedoras vislumbravam atender a um mercado de pessoas que não precisam de automóvel para ir ao trabalho, pois utilizam transporte público e ao mesmo tempo têm a conveniência de um carro para outras atividades pessoais. O modelo baseado em conveniência e economia pretendia então atingir uma brecha de mercado, oferecendo um serviço cujo custo final teria de ser mais baixo para o usuário do que se ele tivesse seu próprio carro ou o alugasse das locadoras tradicionais. Para que o negócio funcionasse como o previsto, seria necessário alto compromisso dos associados de deixar o veículo em condições de uso para o próximo cliente. Mais uma vez, observamos a necessidade de integração dos vários elementos do negócio para que o modelo funcionasse adequadamente. Boston, apesar de contar com uma forte concorrência de locadoras e um bom sistema de transporte público, apresenta elevada densidade populacional, com alto custo de estacionamento e grande população de estudantes universitários com acesso à Internet. Sendo escolhida como cidade piloto, serviu de base para que o negócio expandisse em curto prazo para outras 13 cidades norte-americanas, fator crítico para a diluição dos investimentos e custos operacionais do negócio. Sendo peça-chave para o sucesso do negócio, a inovação tecnológica foi protegida por meio de patente, dificultando ou retardando a ação da concorrência e de possíveis entrantes.

Segundo Magretta (2002), toda organização viável é construída sobre um modelo de negócios, seja ele deliberadamente constituído ou não. Porém, embora muitos tratem modelo de negócios e estratégia como termos equivalentes, na realidade são conceitos distintos. Modelo de negócios descreve, de forma sistêmica, como as peças de um negócio encaixam-se de forma a torná-lo viável. Estratégia competitiva, por sua vez, aborda como se tornar superior ou buscar diferenciação em relação à concorrência. Muitos empreendedores obtêm muito sucesso, apenas por meio de estratégias competitivas que os possibilitem um posicionamento em um mercado pouco explorado, sem que tenham a necessidade de modificar o modelo de negócios vigente. Esse é o caso do comandante Rolim, que expandiu a operação da TAM, na década de 1980 e início dos anos 1990, quando identificou oportunidade de rotas para o rico interior paulista, com pessoas dispostas a trocar as cansativas viagens terrestres por vôos. Com essa opção, a TAM foi capaz de explorar um nicho de mercado de alto poder aquisitivo, por meio de uma estratégia competitiva de posicionamento, sem que tenha inaugurado um novo modelo de negócios.

Embora as noções de estratégia e modelo de negócios sejam distintas, elas estão muito fortemente relacionadas. "Quando um novo modelo de negócios transforma um setor da economia e é de difícil duplicação, ele cria por si só uma forte vantagem competitiva" (Magretta, 2002, p. 7). O exemplo da venda direta de computadores Dell ilustra isso com grande exatidão. O fato de a empresa modificar a forma de se fazer o pedido, customizar equipamentos dos clientes, cobrar antes de entregar a encomenda e pagar fornecedores com prazos generosos proporcionou sólidas vantagens competitivas à Dell e acabou por estimular diversas outras empresas do setor a adotar o mesmo padrão de venda direta.

Em resumo, pode-se dizer que o conceito, a estratégia e o modelo do negócio são aspectos altamente inter-relacionados, que devem ser compreendidos conjuntamente e expressos claramente no plano de negócios.

capítulo 5

Plano de Negócios: a Ferramenta do Empreendedor

Empreendedores são realizadores e, em geral, não gostam de elaborar sofisticadas análises de cenários, projetar tendências ou planejar ações de longo prazo. Preferem o pragmatismo do "aqui e agora" e chegar às conclusões por meio de tentativas e erros. Além disso, muitos empreendedores têm dificuldade para articular ou compreender verdadeiramente o conceito ou o modelo de negócio que está por trás de seu empreendimento. Qual é realmente o público-alvo do negócio? Onde ele se localiza? Qual o tamanho de mercado e o da concorrência? Quais os diferenciais do negócio? Qual será o investimento inicial? Qual o tempo de retorno desse investimento? Qual o ponto de equilíbrio do negócio?

A maioria dos empreendedores inicia seu empreendimento sem um verdadeiro plano de negócios. Muitos acabam por concordar, porém, que um plano desse tipo os teria ajudado a evitar armadilhas e erros do início de um negócio. Se por um lado há defensores assíduos dos planos de negócios, sempre existem aquelas pessoas mais céticas em relação ao planejamento. Os argumentos utilizados por esses últimos estão relacionados ao fato de que é impossível se prever o futuro, de que o ambiente de negócios é muito dinâmico e incerto para se planejar, de que é impossível se ter as informações necessárias para o adequado planejamento ou, ainda, de que apenas após iniciado o novo negócio poder-se-á ter clareza de algumas variáveis relacionadas a tamanho de mercado, custos de matéria-prima, variações de produto requeridas pelos clientes, entre outros fatores.

Embora não seja fácil se estabelecer uma clara relação entre elaboração de plano de negócios e sucesso alcançado pelo empreendimento, Perry (2001) procurou identificar a relação entre a confecção de planos de negócios escritos e encerramento de pequenas empresas norte-americanas, no ano de 1997. Para tanto, coletou uma amostra de pequenas empresas formada de 152 pares, cada par com empresas de características similares, sendo que uma delas havia encerrado suas atividades e a outra permanecia atuando normalmente no mercado. Com o propósito de saber se tais empresas haviam feito previamente planos de negócios escritos, foram elaboradas questões relativas a: 1) elaboração de previsão de vendas; 2) estrutura organizacional; 3) previsão de necessidade de caixa para pelo menos os 12 meses seguintes; 4) plano de expansão de capital; e 5) análise da competição e definição de estratégias e metas quantificáveis. Seu estudo chegou a interessantes conclusões.

Em primeiro lugar, observou que as pequenas empresas têm, de fato, pouco hábito de planejar. Em qualquer um dos dois grupos, quase dois terços da empresas dizia não ter escrito nenhum dos cinco aspectos do plano. Em segundo, para a surpresa do pesquisador, identificaram-se muito poucas empresas em um "grau intermediário" de planejamento, reforçando a polarização entre planejadores e não planejadores. Por último, e mais importante para o objetivo do estudo, foi possível de fato se estabelecer uma correlação entre planejamento e sobrevivência do negócio, podendo se observar que o planejamento fazia diferença, no sentido de reduzir as chances de encerramento da empresa. O próprio autor aponta a necessidade de se ter cautela nas conclusões, pois outras variáveis poderiam influenciar o estudo, como o fato de as menores empresas não terem planos, ou, ainda, o maior índice de planejamento entre aqueles que estão em busca de investidores e, portanto, com potencial mais elevado de sucesso.

Pode-se dizer que o plano de negócios está para o empreendedor ou intra-empreendedor, assim o como o planejamento estratégico está para a grande empresa. Talvez uma das principais diferenças se relacione ao fato de que o novo negócio "não tem passado", o que torna a projeção do futuro uma atividade ainda mais desafiadora. Se deixarmos de lado a idéia de que o plano de negócios é um jogo de adivinhação do futuro e passarmos a concebê-lo como uma oportunidade de materializar o negócio, em torno da oportunidade identificada, público-alvo, conceito e modelo de negócio, estratégia de entrada, entre outros fatores já mencionados, pode-se fazer dele uma ferramenta dinâmica de reflexão e aprimoramento do negócio.

DEFINIÇÃO E PROPÓSITOS DO PLANO DE NEGÓCIOS

O plano de negócios é um documento que explica a oportunidade de negócios, identifica o mercado a ser atendido e fornece detalhes de como os planos serão perseguidos. Idealmente, o plano de negócios descreve como a qualificação da equipe gestora poderá apoiar o sucesso do negócio, explica os recursos necessários e mostra a previsão dos resultados durante razoável período de tempo. Segundo Longenecker (1997, p. 161), "o plano de negócios descreve a idéia de um novo empreendimento e projeta os aspectos mercadológicos, operacionais e financeiros dos negócios propostos para os primeiros três a cinco anos".

Um sólido plano de negócios é essencial para o empreendedor que deseje levantar fundos dos bancos, dos investidores anjos ou capitalistas de risco. Porém, ele não se restringe a esses objetivos e partes interessadas. Um plano de negócios pode ter ainda as finalidades de:

- entender e estabelecer diretrizes para o negócio;

- gerenciar a empresa com eficácia e melhorar a tomada de decisões;
- buscar financiamento e recursos junto a bancos, governo, investidores e entidades de fomento a MPEs;
- identificar oportunidades e transformá-las em diferencial competitivo para a empresa;
- estabelecer comunicação sobre as diretrizes do negócio com os públicos internos e externos.

Um plano de negócios pode ter várias partes interessadas, como descrito na Figura 5.1. O plano de negócios pode servir tanto para o público interno como externo. Internamente, o processo de elaboração do plano pode revelar aos empreendedores e acionistas os principais pontos fracos do negócio ou alertar para fontes de riscos a serem evitados. Para os gestores, ele oferece a base para operar os negócios, fazendo com que as previsões identificadas no plano sirvam como parâmetros que nortearão suas ações. O plano de negócios será a forma pela qual as diretrizes e as metas são comunicadas aos funcionários.

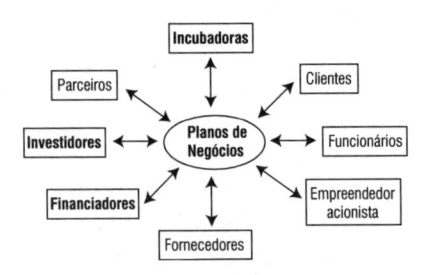

Figura 5.1 Partes interessadas de um plano de negócios.

Externamente os investidores e os financiadores são as partes interessadas mais comuns. Sempre que se deseja abrir um negócio que exija um investimento mais volumoso, o empreendedor necessitará complementar suas economias pessoais com fundos de financiamento. Nesse caso, o plano de negócios será a base para o levantamento dos recursos, pois atua informalmente como "garantia" de que os riscos foram calculados e de que há chances de sucesso razoáveis. No caso dos financiadores, bancos e outras instituições financeiras, o empréstimo será provavelmente obtido tendo como contrapartida garantias em bens e imóveis pessoais do empreendedor. No caso dos investidores, o negócio passa a ser a própria garantia, já que ele exigirá como contrapartida uma participação no negócio e passará a ser sócio da empresa. Os fornecedores poderão estender o crédito, por meio da ampliação de prazos de pagamento, diante da exposição de um bom plano de negócios. Parceiros estratégicos poderão ganhar confiança no empreendimento com a apresentação desse documento, e clientes potenciais podem se sentir mais seguros de que a empresa não descontinuará determinados produtos que sejam importantes fontes de suprimento para eles.

Uma última parte interessada importante é representada pelas incubadoras de empresas. Como veremos adiante, essa modalidade de apoio ao micro e pequeno empresário vem crescendo muito rapidamente no Brasil, em especial as incubadoras de base tecnológica. Porém, para que tenha uma vaga nessas incubadoras, cujo espaço é em geral limitado, o empreendedor deverá apresentar um plano de negócios ou um esboço dele. Esses documentos são fortemente considerados no processo seletivo de novas empresas incubadas.

ESTRUTURA DO PLANO DE NEGÓCIOS[1]

Existe uma vasta bibliografia relacionada a empreendedorismo e elaboração de planos de negócios. À medida que o leitor apro-

---

[1] Um modelo de plano de negócio está disponível na página deste livro no site www.thomsonlearning.com.br.

fundar sua pesquisa, ele poderá se perder na quantidade de diferentes modelos para a elaboração de planos de negócios. Também existem softwares que dão apoio na preparação desses planos. Dentre os brasileiros, destacam-se o MakeMoney, que pode ser obtido no site www.starta.com.br, e o SPPlan, disponível no site www.sebrae.com.br. Esses softwares podem ajudar o empreendedor na construção e no gerenciamento do plano de negócios, especialmente nos aspectos financeiros. Isso por que, à medida que os dados são inseridos, o software atualiza automaticamente os resultados financeiros, facilitando a visualização de como a alteração de premissas e de cenários pode trazer impactos na taxa de retorno do investimento, *pay back*, valor presente líquido, ponto de equilíbrio e outros parâmetros para testar a viabilidade econômico-financeira do negócio.

Na Figura 5.2, exibe-se o Modelo Integrado para a apresentação do plano de negócios.

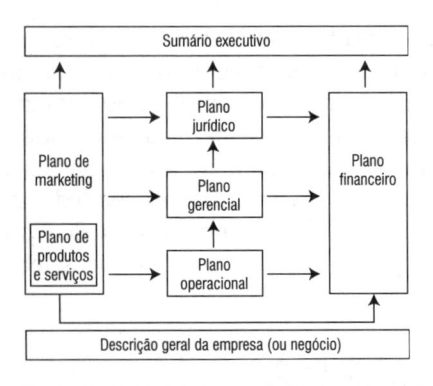

Figura 5.2 Modelo Integrado de plano de negócios.

Um bom plano de negócios deve ser capaz de integrar seus diversos aspectos (mercadológicos, operacionais, gerenciais e financeiros) e não ser apresentado como capítulos isolados. Isso porque o dimensionamento das operações (plano operacional) deve estar alinhado à previsão de vendas (plano de marketing), à necessidade de contratação e à capacitação de funcionários (plano gerencial), deve ser adequado ao planejamento operacional e, finalmente, o plano financeiro deve quantificar o que foi identificado nas várias partes do plano. A receita deve originar da previsão de vendas, os custos e investimentos devem ser reflexos de uma capacidade produtiva projetada, as despesas de pessoal devem ter sido levantadas como base na quantidade e qualificação do pessoal exigido para o negócio. Apresentamos a seguir os principais aspectos e questões que devem ser respondidas no plano de negócios.

Resumo executivo

Recomenda-se que o sumário executivo, embora apareça no início do plano, seja a última parte a ser escrita, visto que ele deve ser um resumo dos aspectos mais importantes do plano de negócios. Ele deve conter de uma a três páginas e mostrar uma visão geral do plano de negócios, sendo fundamental para que se possa conseguir cinco minutos de atenção do leitor, pois permite que rapidamente se possa entender, avaliar e acompanhar os planos da empresa, os produtos e/ou serviços, o mercado e o planejamento financeiro.

Descrição geral do negócio

Este tópico contém as informações básicas do negócio e enfatiza a visão, a missão, os valores, a estrutura organizacional e outros dados do perfil da empresa e seu ramo de atuação. Questões importantes a serem respondidas nessa parte do plano de negócios são:

- Estão claros os negócios, o ramo de atividade, quem são os clientes e concorrentes?
- Foi definida uma missão com enfoque nas necessidades dos clientes?

- Há uma definição de visão de futuro bem como de objetivos estratégicos, indicando onde a empresa pretende chegar?

O plano de produtos e serviços

É interessante mostrar nesta seção um protótipo ou fotografia do produto a ser vendido ou produzido, no caso de comércio ou indústria. Também devem ser apresentados resultados de testes que tenham sido realizados para demonstrar a funcionalidade do produto ou serviço. Questões importantes a serem respondidas aqui são:

- Estão claras quais as características únicas dos produtos ou serviços?
- Está definido o estágio de desenvolvimento do produto no mercado?
- Estão previstos os riscos de obsolescência dos produtos e serviços e os mecanismos para enfrentar esses riscos?
- Como o conhecimento e o capital intelectual embutidos nos produtos e serviços serão protegidos contra cópias?

O plano de marketing

O plano de marketing apresenta os principais enfoques relacionados ao mercado pretendido pela empresa e às estratégias de marketing que devem ser adotadas a fim de otimizar o desempenho organizacional. A avaliação do plano de marketing deve considerar:

- Estão claros os critérios de segmentação do negócio, considerando-se os fatores culturais, sociais, pessoais e/ou psicográficos que influenciam o comportamento do cliente?
- Estão definidos os segmentos e mercados-alvo mais atrativos para a empresa?

- Há uma boa estimativa do porte de mercado, bem como da parcela de mercado esperada pelo negócio?
- Há uma avaliação realista da tendência de crescimento ou declínio desse mercado?
- Estão identificados quem são os concorrentes, novos entrantes e produtos substitutos mais importantes?
- Os diferenciais do negócio e estratégias competitivas estão claramente definidos?

O plano gerencial

O plano gerencial deve refletir a estrutura organizacional que aponte os principais membros da equipe gerencial e suas inter-relações. As principais atividades também devem estar descritas neste plano. As principais questões a serem levantadas nesta seção são:

- A propriedade entre os sócios está distribuída de forma a atender as necessidades do negócio?
- Foi estabelecida uma estrutura organizacional clara, com definição de autonomia e processo decisório?
- Os membros da equipe gerencial têm as habilidades, educação formal e experiências necessárias para a função?
- Estão definidos programas de treinamento, desenvolvimento e integração de novos funcionários para garantir seu alinhamento com as estratégias do negócio, bem como o sistema de trabalho a ser adotado para estimular criatividade, inovação e compromisso?

O plano operacional

O plano operacional mostra como serão produzidos os produtos e/ou prestados os serviços, bem como as principais matérias-primas necessárias à produção. Ele deve explicar ainda a abordagem adotada para assegurar a qualidade da produção, o controle do estoque e o uso de terceirização. As principais questões relativas ao plano operacional são:

- Estão definidos os principais processos operacionais e de apoio para a fabricação do produto ou prestação do serviço?
- Estão previstos quais processos poderão ser terceirizados?
- Foram avaliadas quais as vantagens e desvantagens da localização escolhida?
- Estão definidas as fontes de fornecimento existentes, bem como os principais fornecedores, suas qualificações, certificações e localização?
- Foram estudados diferentes tipos de contrato e logística de fornecimento?
- Foram avaliadas parcerias estratégicas que terão impacto para o futuro do negócio?

O plano financeiro

O plano financeiro representa a principal fonte de referência e controle da saúde financeira do negócio, sendo utilizado pelo empreendedor para projetar e conduzir suas atividades segundo os parâmetros planejados, corrigir distorções, adaptar-se a novas variáveis decorrentes de mudanças na conjuntura. Assim, ele contempla os tópicos referentes às necessidades de capital para os investimentos iniciais, projeta os resultados, considerando as receitas e os custos previstos. Apresenta ainda análises financeiras, com base no fluxo de caixa, balanço patrimonial e análise de investimentos projetados.

Os parâmetros resultantes das análises, como *pay back*, taxa interna de retorno, valor presente líquido, *break even*, entre outros, são fundamentais para tomada de decisão do empreendedor, bem como para a busca de investidores e financiamento do negócio. O plano financeiro pode ser avaliado a partir das seguintes questões:

- As previsões de vendas e despesas são realistas e estão consistentes com as variáveis de mercado analisadas no plano de marketing?
- Quais são as necessidades de capital para os investimentos iniciais?
- Quais são a projeção de resultados, as receitas e os custos previstos?
- Como estão o fluxo de caixa e outras demonstrações financeiras?

Para uma boa avaliação do negócio devem ser apresentados, no mínimo, os seguintes índices:

- retorno sobre patrimônio e retorno sobre ativos;
- taxa interna de retorno do investimento (TIR);
- valor presente líquido (VPL), considerando taxas de custo de capital consistente;
- ponto de equilíbrio;
- tempo de retorno do investimento (*pay back*).

O plano jurídico

Em alguns casos o plano jurídico é apresentado na descrição geral da empresa, que nada mais é do que uma descrição da forma jurídica de constituição da empresa e das questões legais relacionadas. As três principais alternativas de empresa até a introdução do Novo Código Civil, em janeiro de 2003, eram a empresa limitada, a sociedade por cotas e a sociedade anônima. A partir de então, dependendo da existência ou não do aspecto "organizacional e econômico da atividade", se alguém deseja atuar individualmente (sem a participação de um ou mais sócios) em algum segmento profissional, enquadrar-se-á como EMPRESÁRIO ou AUTÔNOMO, conforme a situação, ou, caso prefira se reunir com uma ou mais pessoas para, juntas, explorar alguma atividade, deverão constituir uma sociedade que poderá ser uma SO-CIEDADE EMPRESÁRIA ou SOCIEDADE SIMPLES. A modalidade de empresa, contudo, não é o único aspecto a ser abordado no plano jurídico. As questões mais importantes no âmbito do plano jurídico são:

- Foi definida a forma jurídica de constituição da empresa (empresa individual, sociedade por quotas de responsabilidade limitada, sociedade anônima comum ou unidade de negócios de uma corporação)?
- Foram definidas as implicações jurídicas, bem como vantagens e desvantagens tributárias dessa forma de constituição?
- Estão previstas restrições legais e regulamentações para o funcionamento do negócio; incluindo licenças e permissões para seu funcionamento.

capítulo 6

Em Busca de Financiamento para o Negócio

Qualquer negócio, seja uma pet shop, seja uma rede de supermercado, em qualquer estágio de sua vida, dependerá de recursos financeiros para poder sobreviver. Esses recursos virão de economias pessoais, uso do cartão de crédito, empréstimos de amigos ou parentes ou ainda de fornecedores. De forma geral, pode-se classificar o financiamento do negócio em duas fontes básicas: dívidas (obrigações) e patrimônio líquido. A dívida refere-se ao dinheiro que foi tomado emprestado e que precisa ser pago em alguma data futura predeterminada. O patrimônio líquido, por outro lado, representa o investimento dos proprietários na empresa, isto é, o dinheiro pessoal que eles investiram no negócio, sem data específica de resgate, pois a recuperação do investimento é obtida com a retirada de dinheiro da empresa (por meio de dividendos) ou com a venda de parte ou toda a empresa para outros interessados.

As obrigações ou empréstimos podem ser de curto e longo prazos. As obrigações de curto prazo (até um ano) podem ter origem nas contas a pagar, geralmente prazos estendidos obtidos junto a fornecedores ou despesas incorridas e ainda não pagas, por exemplo, passivos junto aos trabalhadores. Os papéis de curto prazo consistem em quantidades emprestadas de um banco ou de outra fonte financiadora. Os empréstimos de curto prazo representam importante fonte de financiamento para a maioria das micro e pequenas empresas, que têm menos acesso a capital que as empresas maiores.

O capital de giro de uma empresa é formado pelos recursos monetários, indispensável à sua operação, produção e comercialização, representado pelo dinheiro disponível, pelo estoque de produtos e matérias-primas e pelos títulos a receber. Como já discutido no Capítulo 1, a gestão inadequada do capital de giro é importante fator contribuinte para o fechamento do negócio, pois obriga o empreendedor a tomar empréstimos não planejados, a juros altos, para cobrir eventuais faltas de caixa e pagar suas contas e despesas já incorridas. As principais modalidades de empréstimo para o capital de giro são apresentadas no Quadro 6.1.

Quadro 6.1 Financiamento de capital de giro

Financiamento de capital de giro	
Rotativos	Cheque especial Conta garantida
Desconto	Desconto de duplicatas Desconto de nota promissória Desconto de cheques Desconto de fatura
Giro/Mútuo	Contrato de giro/Mútuo

O empréstimo de longo prazo inclui empréstimos de bancos ou outras fontes de capital e está geralmente relacionado a investimento. Pode-se definir como investimento a aplicação de recursos monetários em empreendimentos, com o objetivo de geração de lucros, em geral a longo prazo. O termo aplica-se tanto à compra de máquinas, equipamentos, edificação e imóveis para a instalação de unidades produtivas, como à compra de títulos financeiros. Em sentido estrito, investimento significa a aplicação de capital em meios que levam ao crescimento da capacidade produtiva, ou seja, em bens de capital.

O Sebrae-SP tem realizado levantamentos para determinar quais as principais fontes de financiamento dos micro e pequenos empresários no Estado de São Paulo. Em levantamento realizado em outubro de 2006, obteve-se a situação apontada no Gráfico 6.1.

Gráfico 6.1 Formas de financiamento (capital de terceiros) mais utilizadas pelas MPEs no Estado de São Paulo

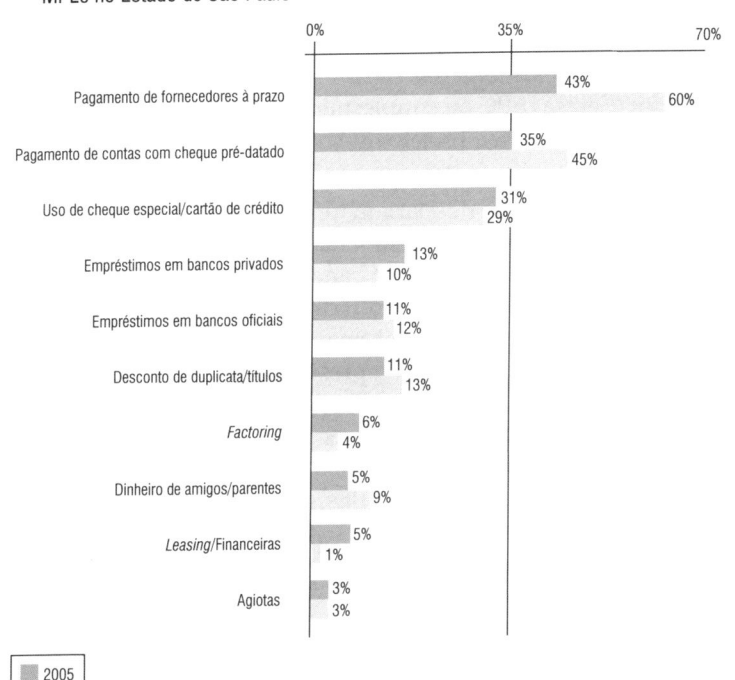

Forma de financiamento	2005	2004
Pagamento de fornecedores à prazo	43%	60%
Pagamento de contas com cheque pré-datado	35%	45%
Uso de cheque especial/cartão de crédito	31%	29%
Empréstimos em bancos privados	13%	10%
Empréstimos em bancos oficiais	11%	12%
Desconto de duplicata/títulos	11%	13%
Factoring	6%	4%
Dinheiro de amigos/parentes	5%	9%
Leasing/Financeiras	5%	1%
Agiotas	3%	3%

Nota: A soma das respostas ultrapassa 100% porque a questão admite mais de uma resposta.

Fonte: Sebrae-SP (2006).

Observa-se no gráfico que as três principais formas de financiamento utilizadas, com recursos de terceiros, são: negociação de prazo com fornecedores ou crédito mercantil (43% das MPEs); uso de cheque pré-datado (35%); e uso do cheque especial ou cartão de crédito da empresa (31%). A queda apresentada pelas duas primeiras, quando comparadas aos resultados da pesquisa anterior (2004), deve-se, em parte, ao maior acesso a empréstimos bancários.

O micro e pequeno empresário brasileiro ainda tem um grande receio ou dificuldade de acesso a empréstimos bancários. Segundo o próprio levantamento, 64% dos micro e pequenos empresários não tomaram empréstimos em bancos privados e/ou oficiais. As razões apontadas são falta de garantias reais, registro no Cadin/Serasa/SPC ou simplesmente pelo fato de o empreendedor considerar o seu projeto inviável.

A mesma pesquisa indica que ainda que fosse "fácil e barato", 43% das empresas não desejariam tomar empréstimos bancários. Entre as razões apontadas, estão: não necessita neste momento; não gosta de tomar empréstimo bancário; não conseguiria pagá-lo; não confia na política econômica do governo. Dos 57% dos entrevistados que gostaria de tomar empréstimo bancário para sua empresa, a demanda por empréstimos concentra-se em valores de até R$ 20 mil, com prazos de pagamento de até 36 meses e com taxas de juros de até 1,99% a.m. Esse recurso seria utilizado, principalmente, para capital giro (63% das MPEs) e investimentos em capital físico (54% das MPEs).

ESTIMANDO A QUANTIDADE DE FUNDOS EXIGIDOS

Se até mesmo no caso de negócios estabelecidos, torna-se difícil estimar a necessidade de capital, a tarefa de prever, com alguma precisão, a quantidade de recursos financeiros exigidos para um novo empreendimento é bastante desafiadora. Além disso, não é suficiente respondermos à pergunta "quanto será necessário?".

Tão importante quanto essa questão é saber "quando precisaremos?" e "qual a finalidade?".

A variação da quantidade de capital inicial exigida de um negócio para outro é enorme. Enquanto uma empresa de manufatura de computadores pode exigir milhões de dólares de investimento inicial, um pequeno comércio ou serviço pode ter necessidade muito baixa de investimento. A chave para se prever efetivamente as necessidades de ativo está fortemente associada às vendas projetadas. Segundo Longenecker (1997, p. 245), "as vendas de uma empresa são a força condutora básica das futuras necessidades de ativo. Ou seja, um aumento nas vendas causa um aumento nas necessidades de ativos, o que por sua vez resulta em uma necessidade de mais financiamento".

Assim, as necessidades de ativos de uma empresa podem ser estimadas como uma porcentagem das vendas, conforme fórmula:

$$\text{Ativos} = \text{Vendas} \times (\text{ativos como percentual de vendas})$$

Embora o índice de ativos como percentual de vendas possa variar de uma empresa para outra, bem como em diferentes estágios de vida do negócio, após certo período, ele tende a ser relativamente estável. Para uma mercearia, por exemplo, ele tende a ser de 20%, enquanto para uma empresa de gás e gasolina ele chega a 65% (Longenecker, 1997).

Não é suficiente estimar a necessidade de ativos exigidos para o negócio, mas compreendermos a importância de liquidez da empresa. Como vimos, um ponto de atenção no financiamento da pequena empresa diz respeito ao capital de giro. Isso porque o investimento realizado tende a ser desproporcionalmente pequeno nos ativos circulantes em relação aos ativos fixos. Ou seja, muito do dinheiro acaba sendo empregado em ativos que são difíceis de ser convertidos em caixa (ativo fixo), dificultando o pagamento de vencimentos diários, para pagamento, por exemplo, dos fornecedores e funcionários. A falta de flexibilidade associada à compra de ativos fixos sugere que empreendedores devem buscar minimizar esse tipo de investimento. Uma opção é tentar alugar em vez de comprar o imóvel que servirá de sede para a empresa.

Os ativos da empresa terão de ter alguma forma de financiamento, ou seja, para cada real de ativo, será necessário haver um real de financiamento. A empresa deve, portanto, manter ainda adequado grau de liquidez, isto é, manter sua capacidade de atender às obrigações financeiras, na data de vencimento. Um indicador importante a ser analisado para saber a capacidade de a empresa honrar seus compromissos no curto prazo é o índice de liquidez, avaliado pela fórmula:

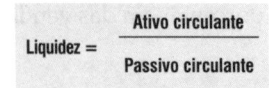

$$\text{Liquidez} = \frac{\text{Ativo circulante}}{\text{Passivo circulante}}$$

Para assegurar a capacidade de a empresa pagar seus débitos de curto prazo na data de vencimento, pode-se querer manter o ativo circulante igual ao dobro do passivo circulante, ou seja, um índice de liquidez igual a dois, o que permitirá certa margem de segurança.

O empreendedor deverá ser cauteloso em seu endividamento, até porque há um limite na quantidade de débito que uma empresa pode utilizar ao financiar seus negócios. No limite, essa quantidade não deverá ultrapassar a quantidade de patrimônio líquido disponibilizada pelos proprietários, o que é o mesmo que dizer que a proporção de capital de terceiros não deve ultrapassar 50% do financiamento da empresa.

Além do patrimônio líquido, capital investido pelos sócios no início do negócio (patrimônio externo), poderá surgir patrimônio decorrente da retenção de lucros, quando esses não são distribuídos aos proprietários, mas reinvestidos na própria empresa (patrimônio interno). Uma cautela muito grande que os empreendedores devem ter nesse aspecto é a de não misturar suas contas pessoais com as da empresa. Segundo pesquisa realizada pelo Sebrae (2006), 61% dos micro e pequenos empresários paulistas já utilizaram recursos pessoais para pagar contas da empresa e 56% já utilizou o caixa da empresa para pagar despesas pessoais.

CICLO DE VIDA DO FINANCIAMENTO DO NEGÓCIO

Muitos negócios, por exemplo, uma mercearia de bairro, uma pet shop ou uma padaria têm poucas perspectivas de crescimento. Outros, geralmente relacionados à tecnologia, têm elevadas taxas de crescimento, sendo que as necessidades e as fontes de financiamento podem variar muito ao longo do ciclo de vida do negócio. No momento de fundação da empresa, por exemplo, é muito comum que o empreendedor utilize suas economias pessoais para iniciar o negócio. Contudo, conforme a empresa cresce, o investimento necessário também aumenta e investidores com maior capital são procurados. Na Figura 6.1, procura-se mostrar de modo esquemático as etapas de crescimento, associadas ao tipo de financiamento do negócio.

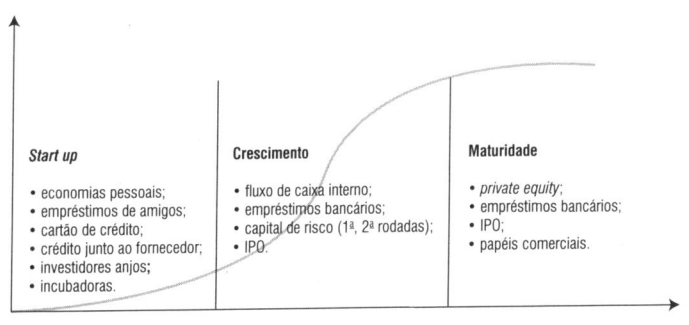

Start up
- economias pessoais;
- empréstimos de amigos;
- cartão de crédito;
- crédito junto ao fornecedor;
- investidores anjos;
- incubadoras.

Crescimento
- fluxo de caixa interno;
- empréstimos bancários;
- capital de risco (1ª, 2ª rodadas);
- IPO.

Maturidade
- *private equity*;
- empréstimos bancários;
- IPO;
- papéis comerciais.

Fonte: Adaptado de *Harvard Business Essentials* (2005).

Figura 6.1 Ciclo de vida de financiamento de um novo negócio.

A fase pré-inicial ou da idéia é caracterizada pelo investimento inicial que será feito para criar a empresa. Nesse momento, a empresa não está ainda constituída, existindo apenas um projeto para sua criação. Os financiadores mais comuns são os investidores anjos, as incubadoras, o próprio empreendedor, os amigos e a família. Esses investidores são pessoas físicas que assumem o risco de investir em uma pequena empresa e buscam com isso um retorno mais alto que aquele de mercado. O angel entra, normalmente, como sócio do empreendedor, gostando de opinar e de ser conselheiro do negócio. Segundo Dornellas (2001), esse tipo de empreendedor é bastante comum nos Estados Unidos, e apenas agora se torna mais conhecido no Brasil. A grande dificuldade para o empreendedor consiste em encontrar um angel disposto a investir no seu negócio, visto que esse não divulga sua intenção de investir, exigindo que o empreendedor utilize a sua rede de relacionamento para identificá-lo.

As incubadoras, por sua vez, começam a exercer papel muito importante para o financiamento das empresas porque, apesar de não fornecer dinheiro para a pequena empresa, elas emprestam uma infra-estrutura inicial para que o negócio comece a funcionar. Como na fase da idéia existe grande dificuldade em encontrar angels interessados no negócio ou mesmo em obter apoio junto a alguma incubadora, a opção mais fácil e mais utilizada pelas empresas brasileiras é o autofinanciamento (dinheiro do próprio empreendedor) e o empréstimo de família/amigos.

A fase considerada start-up prolonga-se desde o momento de constituição da empresa e início de operação até aproximadamente 42 meses. Excetuando-se os casos em que o produto é muito promissor, poucos são os capitalistas interessados em investir na pequena empresa. A maioria deles prefere aguardar para observar como o negócio se comporta para daí pensar em investir (Dornellas, 2001).

Na fase de expansão, a pequena empresa já mostra do que é capaz de produzir e necessita de capital para poder expandir. Nessa etapa, é muito comum a utilização de capital de risco – também chamado de venture capital. Segundo uma pesquisa realizada pela Associação Brasileira de Capital de Risco (ABCR) e Thomson Venture Economics sobre o mercado de capital de risco no Brasil, 58% do montante investido foi em empresas que se encontravam em expansão (ABCR, 2003).

A principal característica do capital de risco está no financiamento de empresas que tenham alto potencial de retorno (do investimento), sendo que esse empréstimo tem uma duração predefinida.

> Os capitalistas agirão como sócios minoritários do negócio, mas por tempo determinado, previamente acordado, ao final do qual ocorrerá a sua saída do negócio. Independentemente do resultado obtido, ambas as partes podem estabelecer um acordo por um novo período, com outras condições. (Dornellas, 2001, p. 181)

Essa modalidade de financiamento é, contudo, muito pouco desenvolvida no Brasil. Enquanto nos Estados Unidos cerca de 1,5 em cada 10 mil empresas é financiada por capital de risco, no Brasil esse número é de apenas 0,33 (Cruz, 2003).

A última fase, chamada de maturidade, é caracterizada pela estabilização da empresa. Nesse momento, os capitalistas de risco procuram realizar o lucro obtido com o investimento, retirando aquilo que foi investido na pequena empresa. A organização que normalmente pretende continuar a se expandir, via de regra, busca o financiamento mediante a emissão de papéis nas bolsas de valores. O IPO (Initial Public Offering – Oferta Pública Inicial de Ações) é a maneira mais comum de fazer com que os capitalistas de risco consigam sair do negócio (conforme havia sido planejado) e também para que a empresa financie sua nova fase de expansão. A partir dessa oferta inicial, a empresa passa a participar da(s) bolsa(s) de valores e pode emitir novos papéis para negociação conforme lhe convenha.

À medida que a pequena empresa cresce, o volume de investimento necessário aumenta e novas formas de financiamento são exigidas. Cabe ao empreendedor conseguir viabilizar esses financiamentos para a sua empresa.

Financiando o crescimento: o caso da eBay

O caso da eBay é muito ilustrativo de como uma empresa empreendedora pode financiar seu negócio em diferentes estágios de crescimento (Harvard Business Essentials, 2005). A eBay, uma das mais conhecidas empresa "pontocom", foi fundada em 1995, por Pierre Omidyar, um jovem com experiência em desenvolvimento de softwares e comércio on-line. Iniciou seu negócio, hospedando-se em um Website gratuito e tendo como únicos ativos um notebook e uma carteira escolar. O hobby de Omidyar cresceu rapidamente, obrigando-o a comprar seu próprio servidor e a contratar alguém para gerenciar as contas dos usuários, que começavam a crescer. O empreendedor, ao lado de Jeff Skol, seu parceiro de negócios, começou a retirar US$ 25 mil anuais da empresa.

Nesse primeiro período, o crescimento foi essencialmente autofinanciado. O dinheiro das taxas de transação era suficiente para cobrir as despesas e os investimentos do negócio. Porém, no final de dezembro de 2000, o negócio que iniciou com alguns poucos clientes devotos dessa modalidade de leilão reverso já contava com aproximadamente 22 milhões de usuários registrados, oferecendo em um único dia mais de 6 milhões de itens para a venda, entre mais de 8 mil categorias de produto. Para dar suporte a esse volume de negócios seria necessário um rápido aumento de infra-estrutura, suporte ao cliente, equipamentos e sistemas de informação. No final desse mesmo ano, os ativos do eBay já somavam quase US$ 1,2 bilhão, sendo US$ 202 milhões em caixa e equivalentes (ativo circulante), US$ 354 milhões em investimentos de curto prazo e US$ 218 milhões em investimentos de longo prazo.

O dinheiro para financiar tamanha expansão teve origem no fluxo de caixa gerado pela própria operação da firma (autofinanciamento), que cresceu de US$ 6 milhões, em 1998, para US$ 62,8 milhões, em 1999, e ultrapassou os US$ 100 milhões, em 2000, como em empréstimos e vendas de ações dos proprietários (financiamento externo). Utilizando estratégia de empresas que apresentam elevadas taxas de crescimento, o eBay conseguiu financiar sua expansão, em grande parte, com financiamento interno, reinvestindo todo o ganho no próprio negócio, em vez de pagar dividendo aos acionistas.

Os elevados investimentos necessários para sustentar o crescimento do negócio fizeram que apenas o financiamento interno do negócio fosse insuficiente. Inicialmente, um volumoso financiamento externo foi obtido a partir da venda de ações para investidores da Benchmark Capital, uma empresa de capital de risco, localizada no Vale do Silício, na Califórnia. Posteriormente, o eBay obteve o maior levantamento de capital de sua história, quando abriu seu capital, ou realizou o IPO. Como vimos no gráfico do ciclo de vida do financiamento do negócio, esse é o principal marco no estágio de maturidade de uma grande empresa. Nesse momento, o financiamento do negócio deixa de ser originado apenas por um restrito círculo de investidores privados, para alcançar um grupo muito mais amplo, formado por investidores individuais, fundos mútuos e fundos de pensão.

capítulo 7

O Desafio do Crescimento

Vimos que a gestão de um novo empreendimento não é tarefa simples e representa muitos desafios. Gerenciar um negócio em expansão, porém, traz novos desafios. No capítulo anterior demos bastante ênfase à busca de capital para financiar a criação e a expansão do negócio. Sem dúvida, o levantamento de recursos é um dos aspectos de grande relevância no crescimento da empresa, no entanto, outras questões relacionadas às competências gerenciais, à estratégia e à estrutura organizacional são também elementos fundamentais a serem analisados na fase de expansão.

Se na fase do lançamento as qualidades do empreendedor estavam relacionadas às suas capacidade de inovar, identificar oportunidades e formular novos modelos de negócios, na fase do crescimento será necessária uma gestão mais profissional, que "traga ordem ao caos" e que atue de maneira mais sistemática nas funções estratégica, de operações, de recursos humanos e organizacionais.

Discutiu-se no Capítulo 4 que a estratégia para a criação de novos negócios consiste idealmente em uma estratégia de nicho e em clara diferenciação de seu negócio, que torne seus produtos e serviços competitivos, isto é, mais atraentes aos olhos do consumidor, do que outros já existentes. Na medida em que se abandona a fase de *start-up* e se coloca o desafio de crescer, alguns pontos devem ser analisados:

1) A estratégia adotada na fase de início continua sendo sustentável?
2) Nossa vantagem competitiva nos permite avançar para outros mercados?
3) É possível ganhar escala nesse tipo de negócio?

A estratégia adotada na fase de início continua sendo sustentável?

Uma estratégia de negócios bem-sucedida pode basear-se na superioridade do produto ou tecnologia, na forma e no tempo de entrega do produto ou serviço, em preços mais atraentes em relação ao mercado ou, ainda, nas conveniências que o produto ou serviços poderão proporcionar ao consumidor.

Copiando o modelo da norte-americana Southwest Airlines, a GOL adotou estratégia claramente baseada em baixos preços para entrar no mercado brasileiro das empresas aéreas. Para tanto, simplificou o processo de emissão do bilhete, reduziu o tempo das aeronaves no solo, cortou as refeições e os lanches durante os vôos, além de outras medidas de redução de custos. A Dry Wash foi pioneira em propor um sistema de lavagem de carro a seco, que permite ser instalado nas garagens dos *shopping centers*, de forma higiênica e proporcionando a comodidade de o cliente não perder tempo, lavando o carro durante suas compras.

Se uma estratégia, porém, não é capaz de criar vantagens a longo prazo, isto é, se ela não está baseada em alguma real barreira de entrada, ela não será uma estratégia sustentável. Será necessário então que o empreendedor busque continuamente formas de se manter à frente da concorrência. Isso pode ser feito pelo incremento tecnológico, pelo atendimento adequado às novas exigências e regulamentações, pelo barateamento dos produtos e serviços, entre outras formas de diferenciação.

Expansão para outros mercados

Muitas vezes a atuação inicial do empreendedor foi baseada na "estratégia do lugarejo", isto é, o diferencial proporcionado pelo negócio foi justamente a localização. Para esse tipo de negócio, crescer significa, na maioria das vezes, a expansão para novas áreas geográficas. Há, porém, outras formas de expansão de mercados sem que haja necessariamente mudança de localização. Na realidade podem-se encontrar novos usos para os mesmos produtos e até para os mesmos mercados. O exemplo do Le Moussier, já mencionado no Capítulo 2, ilustra bem esse tipo de opção. Após tentar expandir sua atuação original, do litoral norte paulista para os grandes *shoppings* da capital do Estado, o casal de empreendedores resolveu voltar para o seu nicho de mercado original e expandir sua linha de produtos. Além das docerias originais nas praias de Boissucanga, Maresias, Camburi e Juquei, foi criado o Legends, uma lanchonete temática para surfistas e turistas da região. Em paralelo, os empreendedores vêm identificando outras oportunidades na área de confecção para atender àquele público.

O exemplo das lojas Zema mostra uma estratégia de crescimento a partir da exploração de um nicho regional de mercado e, ao mesmo tempo, como a seleção geográfica de seus negócios, permitia um ganho de escala.

Jeitinho caipira
O grupo Zema, com uma estratégia de preferência pelas pequenas cidades e atendimento à classe C, cresce no interior do Brasil.

Presidido por Ricardo Zema, neto do fundador, o Grupo Zema faturou em 2001 aproximadamente R$ 230 milhões, 30% a mais que no ano anterior. As receitas vêm de vários negócios, como postos de combustíveis – ramo no qual o grupo estreou em 1997 e que já responde por 40% das suas receitas – e as lojas Eletrozema. Fundada em 1976, a rede vende móveis, eletrodomésticos e ferramentas e hoje gera 25% do faturamento total. Nessa atividade é que o grupo aprimorou uma estratégia singular de foco em pequenas cidades. Com 46 lojas em 2001, a rede Eletrozema planeja ampliar o número para cem até 2010. As regiões do Triângulo Mineiro e do Alto Paranaíba, também em Minas Gerais, concentram a maioria dos negócios do grupo, presente também no interior de São Paulo, de Goiás e de Mato Grosso. Diferentemente das grandes redes de varejo, a Eletrozema tem crescido implantando pontos-de-venda em cidades de 10 mil a 50 mil habitantes. O grupo está formatando um novo modelo, para localidades com população entre 5 mil e 10 mil habitantes.

A escolha das praças para implantação de uma Eletrozema obedece em primeiro lugar a uma conveniência logística – as cidades devem estar na rota das carretas, que vão e voltam no mesmo dia. Também têm de ser cobertas pela mesma emissora de televisão que serve Araxá (MG), para evitar uma dispersão da verba publicitária, o que aumentaria os custos. As vantagens da opção pelos lugarejos é, em primeiro lugar, a ausência de concorrência. Numa cidade grande, a Eletrozema seria apenas mais uma loja. Além disso, em pequenas cidades, as vendas mensais de R$ 100 mil já viabilizam o negócio, uma vez que é tudo mais barato (aluguel, frete, salários etc.). Há pelo menos um senão na estratégia do grupo no varejo: a maioria das cidades onde a Eletrozema está presente depende exclusivamente da agropecuária. Quando ela vai mal, as vendas caem e a inadimplência aumenta.

Ainda assim, a combinação de tudo isso permite à empresa ser competitiva. Em geral, os preços à vista na Eletrozema são até 5% mais baratos que os das redes de maior porte, uma grande vantagem para quem procura focar o atendimento na classe C. As lojas têm poucos produtos à venda de valor superior a R$ 1 mil.

O Grupo Zema tem dez concessionárias das marcas Ford, Fiat, GM, Honda e New Holland. As revendas geram 20% do faturamento do grupo. Outros 15% são obtidos com uma miríade de negócios que inclui lojas de materiais de construção, lojas de autopeças, fazendas, transportadoras, construtora e incorporadora, oficinas de conserto de eletrodomésticos e olarias. O presidente do Grupo pretende perenizar a Eletrozema, levando-a para fora da sua área de vocação, "ocupando totalmente o mercado regional, para em seguida irem às cidades médias e grandes".

(Síntese da matéria da Revista *Exame*, 28 nov. de 2001, por José Maria Furtado.)

É possível ganhar escala nesse tipo de negócio?

Há uma tendência natural para que o empreendedor deseje expandir seu negócio. Quando se trata de indústria, o ganho de escala em geral é vital para a sobrevivência da empresa, pois as vantagens relativas à redução de custos e aumento do poder de barganha com os fornecedores virão apenas na medida em que se aumenta o volume de produção. No caso de um serviço do tipo restaurante por quilo, docerias ou videolocadoras, certamente será desejável um rápido crescimento do negócio, por meio da abertura de novas lojas próprias ou franqueadas.

Contudo, nem todo negócio permite um fácil ganho de escala. Muitas empresas prestadoras de serviços profissionais têm enorme dificuldade em padronizar seus processos-fim de modo a tornar o negócio replicável. Pode-se dizer, de forma geral, que quanto mais profissionalizado o tipo de serviço, mais difícil será sua replicação e, portanto, seu crescimento. Tome os exemplos de uma consultoria, um escritório de arquitetura ou advocacia ou de uma clínica médica. Os clientes iniciais tornam-se fiéis a esses tipos de serviços pela confiança que depositam no profissional ou nos profissionais que fundaram a empresa. Mesmo com uma estrutura administrativa de apoio mais robusta, sabemos que o diferencial competitivo, na percepção do cliente, é obtido geralmente pela fama de determinado arquiteto, médico, advogado ou consultor.

FRANQUIAS

Atualmente o *franchising*, ou a franquia como convencionamos chamar no Brasil, é uma opção estratégica de expansão de negócios fortemente utilizada por empreendedores que desejam ampliar sua escala e assegurar maior cobertura de mercado, levando seus produtos e serviços até os consumidores de diferentes cidades, estados e até nações, dependendo da extensão da franquia.

Marcelo Cherto, um dos maiores especialistas brasileiros no assunto, define o *franchising* como:

> Uma das muitas estratégias da qual uma organização pode fazer uso para expandir seus negócios e seus resultados, otimizando as competências por ela desenvolvidas ao longo de sua existência, cobrindo o mercado e escoando de forma eficaz seus produtos e/ou serviços. (Cherto, 2006, p. 23)

Para o autor, o *franchising* consiste em replicar, ou clonar, em diversos locais ou mercados, um mesmo conceito de negócio implantado, operado e gerido por um terceiro autônomo, o franqueado, a quem a organização franqueadora autoriza, por meio de contrato, a comercialização de determinados produtos e/ou serviços, em combinação com o uso de uma ou mais marcas, métodos, sistemas, políticas e padrões desenvolvidos e/ou estipulados por ela, a franqueadora.

A franquia é juridicamente estabelecida por meio de um contrato, em que:

> A organização detentora de uma marca e dos conhecimentos relacionados à implementação, operação e gestão de determinado tipo de negócio (a franqueadora), outorga a alguém, pessoa física ou jurídica, dela juridicamente e economicamente independente (o franqueado), uma licença para explorar essa marca, em conexão com tais conhecimentos, com a finalidade de estabelecer e operar um negócio igual ou semelhante àquele cujo *know-how* o franqueador detém. (Cherto, 2006, p. 23)

Assim, o contrato de *franchising* estabelece uma relação em que o franqueador concede uma licença de uso da somatória de suas competências que garantiram e vêm garantindo o sucesso de determinado negócio. Ou seja, por meio desse contrato, cada um dos franqueados garante acesso a direitos, conhecimentos, métodos, processos e sistemas, propriedade intelectual e industrial.

De outro modo, podemos entender franquia como uma das muitas opções de canais de vendas existentes. A vantagem dela em relação aos demais canais é que permite a uma empresa alcançar a cobertura e penetração de mercado que deseja mantendo um razoável nível de controle sobre os franqueados, com riscos empresariais relativamente baixos. Quando bem implementado, o sistema de franquia permite que consumidores de diferentes regiões possam experimentar cada detalhe do negócio que agregam valor ao produto ou serviço original, mesmo sendo conduzido por terceiros. Comparados a outros canais de vendas, possuídos, operados e geridos por terceiros, uma rede de franquias é o método que assegura o maior grau de controle, conforme ilustra o Quadro 7.1.

Quadro 7.1 Franquia *versus* outros canais de vendas

Principais canais de vendas						
Canais terceirizados					Canais próprios	
Revendedores independentes	Atacados	Distribuidores	Representantes comerciais	**Franquias**	Equipe própria de vendas	Loja virtual própria

Aumento do grau de controle sobre o canal

Fonte: Adaptado de Cherto (2006, p. 26).

Franchising: da origem à atualidade

Uma das primeiras experiências do uso do sistema de *franchising* ocorreu nos Estados Unidos, no início dos anos 1850, quando a empresa Singer, fabricante de máquinas de costura, resolveu outorgar várias licenças de uso de sua marca e métodos de operação a comerciantes interessados na revenda de seus produtos em lojas exclusivas de diversas cidades e vilarejos norte-americanos. Novas franquias surgiram antes ainda da virada para o século XX. Em 1898, a General Motors, que como qualquer montadora da época escoava toda sua produção por meio de vendas diretas, passou a utilizar o sistema de franquias para expandir sua rede de pontos-de-venda, criando assim o conceito das atuais concessionárias. No ano seguinte, a Coca-Cola criava a primeira franquia de produção ou fabricação de que se tem notícia, passando a outorgar licenças para empresários e grupos empresariais interessados em produzir e comercializar o produto em áreas geográficas especificadas no contrato, nos moldes que faz até os dias de hoje no Brasil e em outros países.

No início do século XX o uso do *franchising* difundiu-se nos Estados Unidos, que assistiram, a partir de 1917, ao surgimento das primeiras franquias de mercearias (*grocery stores*), que evoluíram para os supermercados. Em 1921, foi criada a primeira franquia puramente de serviços, com a locadora de veículos Hertz, e em 1925, a primeira franquia de *fast-food*, a A&W. A partir dos anos 1930, as empresas de petróleo identificaram no sistema de franquia uma oportunidade de distribuição de combustível e lubrificante.

Mas foi mesmo na segunda metade do século XIX que o *franchising* assumiu grandes proporções como alternativa de canal de distribuição. Ainda segundo Cherto:

> A grande explosão do *franchising*, porém, só ocorreu após o término da Segunda Guerra Mundial, quando milhares de norte-americanos, ex-combatentes em terras estrangeiras, voltaram para suas cidades de origem determinados a se tornar seus próprios patrões, "para nunca mais receberem ordens de ninguém". Esses homens eram empreendedores, esforçados, dispostos a trabalhar duro. Muitos possuíam talentos valiosos. Contudo, a grande maioria não tinha experiência anterior na implantação, operação e muito menos na gestão de um negócios. Resultado: muita gente boa "quebrou" e perdeu a economia de uma vida. Afinal, implantar uma empresa "do zero", sem experiência anterior, e depois operá-la, geri-la com o máximo de efetividade, não era e continua não sendo tarefa fácil, que se possa desempenhar apenas com base na vontade. (Cherto, 2006, p. 16)

A explosão das franquias de *fast-food* mais conhecidas até os dias de hoje, como o Burger King, o McDonald's, o KFC, o Dunkin Donuts, entre tantas outras, aconteceu na década de 1950. A partir de então, o sistema continuou a crescer em um ritmo cada vez mais acelerado.

Atualmente, o sistema de franquias é muito desenvolvido em todo o mundo, especialmente no Ocidente. Somente nos Estados Unidos, o *franchising* movimenta anualmente US$ 500 bilhões diretamente e mais de US$ 1,5 trilhão, gerando em torno de 10 milhões de empregos diretos e mais de 18 milhões de empregos indiretos. O Brasil possui também números expressivos, estando entre os quatro ou cinco países do mundo em que o *franchising* tem maior importância (Cherto, 2006, p. 18-19). Algumas franquias brasileiras, por exemplo o Habib's, o China in Box, o Spoleto, a Localiza e o Boticário, já expandiram sua atuação para além das fronteiras nacionais.

Segundo estatísticas da Associação Brasileira de Franchising (ABF, 2007), o setor fechou seu faturamento de 2005 em quase R$ 36 bilhões, crescendo em torno de 13% em relação ao ano anterior. Em termos de quantidade de redes, o crescimento foi ainda mais impressionante (19%), fechando o ano de 2005 com 971 redes ou marcas em operação no país, totalizando mais de 61 mil franquias. Dentre os setores mais expressivos, destacam-se as categorias de alimentação; educação e treinamento; esporte, saúde, beleza e lazer; negócios, serviços e outros varejos, conforme Tabela 7.1.

Tabela 7.1 Crescimento da franquia no Brasil em 2005

SEGMENTO	FATURAMENTO (R$/MILHÕES)			REDES			UNIDADES (franqueadas + próprias)		
	2004	2005	%	2004	2005	%	2004	2005	%
Acessórios pessoais e calçados	822	1.198	46%	33	50	52%	1.225	1.498	22%
Alimentação	4.359	5.073	16%	145	182	26%	5.378	6.011	12%
Educação e treinamento	3.888	4.603	18%	106	129	22%	10.780	10.726	-1%
Esporte, saúde, beleza e lazer	5.054	6.088	20%	135	166	23%	9.310	10.003	7%
Fotos, gráficas e sinalização	1.278	1.254	-2%	11	14	27%	1.940	1.916	-1%
Hotelaria e turismo	645	683	6%	10	11	10%	318	353	11%
Informática e eletrônicos	377	470	25%	34	39	15%	1.084	1.300	20%
Limpeza e conservação	486	504	4%	34	38	12%	1.752	1.770	1%
Móveis, decoração e presentes	1.923	1.951	1%	59	65	10%	2.069	2.181	5%
Negócios, serviços e outros varejos	9.902	10.288	4%	102	116	14%	19.495	19.633	1%
Veículos	1.162	1.414	22%	39	42	8%	3.633	3.715	2%
Vestuário	1.743	2.294	32%	106	119	12%	2.044	2.352	15%
Totais	31.639	35.820	13%	814	971	19%	59.028	61.458	4,10%

Fonte: ABF (Associação Brasileira de Franchising, www.portaldofranchising.com.br).

Vantagens da franquia para o franqueador

Os especialistas em franquia tendem a utilizar a metáfora do casamento para explicar essa complexa relação que se estabelece entre franqueador e franqueado e mostrar que só faz sentido pensar no sistema de *franchising* quando ele é concebido em uma relação de parceria do tipo ganha-ganha. Apesar disso, os fatores que motivam um pequeno empreendedor a transformar seu negócio em uma franquia são muito diferentes dos fatores que fazem com que alguém, com desejo de ter seu próprio negócio, adquira uma unidade (preexistente ou não) de uma franquia em expansão. Iniciamos nossa análise, mirando a perspectiva do franqueador, isto é, do empreendedor que vê na franquia uma oportunidade de crescimento do negócio.

Nem sempre o *franchising* é uma boa alternativa de expansão de mercado para o empreendedor. Antes de mergulhar no processo de franquia, o empreendedor deve avaliar os prós e os contras da adoção desse sistema. Iniciando pelas vantagens obtidas pelo franqueador, Campora (2006) lista a seguir dez bons motivos para iniciar e construir uma operação de *franchising*.

1. Interesse em crescer e expandir os negócios – o sistema de franquia é uma opção interessante para empresas que desejam crescer e aumentar sua cobertura de mercado, disponibilizando seus produtos a um número maior de consumidores.

2. Reduzir a exposição da empresa, reduzindo o capital próprio empregado em uma operação – como o investimento nas unidades é realizado por um terceiro (o franqueado), a opção pelo *franchising* possibilita a expansão de um conceito sem descapitalizar a empresa franqueadora.

3. Manter um gestor comprometido à frente do negócio – uma vez que o franqueado é dono do seu próprio negócio, e somente rentabiliza seu investimento e tem sucesso se for capaz de otimizar a operação, reduzir custos e garantir

qualidade ao cliente, haverá um grau de comprometimento muito maior do que se ele fosse apenas um gerente da loja.

4. Fortalecimento da marca – em muitas situações, a criação de uma rede exclusiva, com a marca da empresa, é uma forma de substituir investimentos em marketing, usando os próprios pontos como forma de disseminar o conceito e o conhecimento do produto. Entretanto, uma boa propaganda feita pelo franqueador é muito importante para alavancar o negócio para franqueador e franqueado.

5. Ganho de escala junto a fornecedores – a ampliação do volume de negócios ajuda a aumentar o poder de negociação junto aos fornecedores e até otimizar as compras realizadas em uma quantidade muito maior.

6. Necessidade de controle sobre a rede – por meio do *franchising* o franqueador pode manter controle operacional sobre os processos que têm impacto na experiência do cliente, na qualidade dos produtos e serviços, na produtividade e na redução de custos.

7. Criar barreiras para a concorrência – em mercados *comoditizados*, o sistema de franquia pode ser uma forma rápida para "erguer" barreiras para a entrada da concorrência, especialmente nas situações em que a empresa é uma das primeiras em um determinado mercado.

8. Ganhar segurança de longo prazo – o sistema de franquias prevê contratos que garantam relacionamentos de longo prazo (de 5 a 20 anos) entre franqueadores e franqueados. Na maior parte das vezes esses contratos podem ser renovados por sucessivos períodos. Além disso, muitos contratos preveêm restrições de concorrência direta do franqueado com a franquia, mesmo após terminado o período de contrato, criando uma proteção adicional para o franqueador.

9. Facilitar a gestão a distância – o *franchising* é bastante apropriado a países com a extensão territorial do Brasil, pois

possibilita alto grau de delegação operacional, de forma a permitir que o franqueado gerencie sua unidade, a distância, com a autonomia necessária. Quando a unidade está localizada em um contexto cultural diferente do franqueador, o conhecimento das peculiaridades do público local pelo franqueado pode ser um ponto a favor desse método.

10. Retorno sobre o investimento – o fato de o sistema de franquia permitir o crescimento do negócio em rede com, ao mesmo tempo, investimento reduzido (feito pelos franqueados) possibilita um aumento de rentabilidade do negócio e o retorno sobre o investimento realizado.

Vantagens da franquia para o franqueador e franqueado

Como foi amplamente discutido nos capítulos iniciais deste livro, a atividade empreendedora é, por natureza, de elevado risco. Muitos empreendedores "quebram" nos primeiros anos por falta de experiência no negócio, por falta de planejamento, por má gestão do capital de risco, entre tantas outras razões. A aquisição de uma unidade de franquia para o empreendedor que não quer correr esses riscos pode parecer uma boa alternativa. Porém, da mesma forma que ocorre com o franqueador, o franqueado deve ponderar as vantagens e desvantagens na aquisição de uma franquia em relação à abertura de um negócio próprio, apresentadas no Quadro 7.2.

Quadro 7.2 Vantagens e desvantagens de iniciar um negócio a partir de uma franquia

Vantagens	Desvantagens
• Treinamento formalizado;	• Taxas de franquias;
• Assistência financeira;	• *Royalties*;
• Métodos de marketing comprovados;	• Restrições sobre o crescimento;
• Assistência gerencial;	• Menor independência nas operações;
• Tempo de início dos negócios mais rápido;	• O franqueador pode ser o "fornecedor exclusivo" de alguns insumos.
• Índices gerais de fracassos mais baixos.	

Fonte: Adaptado de Longenecker (1997, p. 110).

Sendo a deficiência no gerenciamento um dos grandes problemas dos empreendedores com pouca experiência, o sistema de franquia possibilita reduzir essa lacuna proporcionando capacitações formais ao franqueado, incluindo um treinamento inicial (de semanas a meses) e orientação continuada, com programas de reciclagem, complementada por manuais operacionais. Franquias bem estruturadas disponibilizam canais de comunicação permanente para que o franqueado possa solicitar apoio gerencial permanente.

A dificuldade do empreendedor em levantar capital, apresentada no capítulo anterior, pode ser minimizada no caso das franquias, uma vez que o franqueado tendo respaldo de ter sido selecionado pela franqueadora, pode ter maior acesso aos empréstimos tradicionais, inclusive com garantias compartilhadas com o franqueador. Além disso, a própria franqueadora pode financiar parte do investimento, permitindo que o franqueado salde suas dívidas com base no próprio fluxo de caixa operacional. Finalmente, a franqueadora, como fornecedora de insumos, pode conceder prazos estendidos de pagamento das matérias-primas, melhorando a situação de capital de giro do franqueado.

Talvez uma das principais vantagens que o franqueado obtém na aquisição de uma franquia é a de não começar do zero e de ter uma marca, um *layout* de loja e uma linha de produtos e serviços já bastante conhecida do público em geral. As pesquisas de mercado e campanhas de marketing, que têm elevado custo para um empreendedor individualmente, podem ser conduzidas pela franqueadora (que prevê taxas de marketing para esses fins) e ter bom impacto na venda de todas as unidades franqueadas.

Se por um lado a franquia apresenta essas vantagens para o franqueado, ela tem limitações relacionadas a custos, restrições de crescimento e perda de autonomia. O "preço pago" pelos benefícios anteriormente apontados é um conjunto de obrigações financeiras relacionadas às taxas de franquia, *royalties*, custos de promoção, custos de estoques e suprimentos e custos de edificações. Ao adquirir a franquia, o franqueado deve observar que a maioria dos contratos restringe seu território de vendas. Para compensar o franqueador em geral concorda em não conceder outra franquia que queira funcionar no mesmo território. Finalmente, o empreendedor que opta por ser dono de seu próprio negócio para ter independência ou para "nunca mais ter patrão" deve estar ciente de que, ao assinar um contrato de franquia, ele terá independência controlada, já que terá de se adequar a uma série de normas e controles da franqueadora.

REDES DE EMPRESAS E ESTRATÉGIAS COOPERATIVAS

Muito se fala em barreira para a entrada da concorrência, diferenciação de produtos e serviços e estratégias competitivas como forma de obtenção de sucesso em um mercado cada vez mais dinâmico. Apesar disso, as pequenas empresas podem se beneficiar muito de estratégias cooperativas com outras empresas, inclusive com a concorrência. Com base nessas estratégias, algumas empresas resolvem unir algumas de suas competências críticas para melhorar seu poder de compra, oferecer soluções tecnológicas conjuntas, aumentar o volume e a diversidade de mercadorias disponíveis para o cliente.

Empresas que se situam no mesmo ponto da cadeia de valor, isto é, produzem o mesmo tipo de produtos ou serviços, ao se associarem formam o que Casarotto Filho e Pires (1999) chamaram de consórcio horizontalizado. Imaginem-se diversos produtores de queijo que desejem compartilhar a aquisição do leite, a marca do produto para grandes lotes de vendas e até para a exportação. Por meio de acordos de cooperação estariam formando consórcios horizontais. Os autores ilustram esse conceito a partir do Consórcio da Batata Típica da Bologna em que é o próprio consórcio quem administra a marca, vendas, desenvolvimentos tecnológicos, qualidade de padrões, deixando com o consorciado apenas a produção.

As parcerias entre empresas ou a formação de consórcios podem ocorrer no sentido vertical, isto é, combinando esforços de empresas que atuam em diferentes pontos da cadeia de valor. Um exemplo disso seria o da fabricação de determinados equipamentos em que cada indústria produz diferentes componentes e a montagem final fica com uma das empresas consorciadas ou cria-se uma empresa com a marca do consórcio que fará a montagem e assumirá a assistência técnica.

Os consórcios ou associações de empresas, quando bem geridos, podem ajudar a aumentar a competitividade de todos os seus participantes, em funções dos serviços prestados por eles. Esses serviços podem contemplar informações de mercado que possibilitem a identificação de novas oportunidades de negócios, melhoria da qualidade, certificação do produto, inovação tecnológica, suporte financeiro, desenvolvimento da imagem do consórcio, entre outros.

O artigo "O concorrente é bom companheiro" ilustra bem como empresas com baixo poder competitivo podem obter vantagem, por meio de estratégias cooperativas ou do associativismo.

O concorrente é bom companheiro

Pequenas se aliam para disputar mercado com as grandes e barganhar preços com fornecedores.

Dentista de formação, Eduardo de Paiva Mandetta decidiu, em 1995, trocar as brocas e o boticão pela venda de materiais de construção. Abriu em São Paulo a Prumo Comércio de Material para Construção, tendo como sócios a mulher, Alexandra, e o pai, Duílio Mandetta. Não imaginou que sua jornada de trabalho iria dobrar. Muito menos que, um ano depois, os lucros minguariam, por mais que insistisse em investir em promoções, a fim de atrair clientela. Mandetta nunca vai se esquecer de 1996. E não só pelo dinheiro curto. "Aquele ano serve como um divisor de águas para a empresa."

De fato, as coisas começaram a melhorar em 1997. O passo decisivo foi dado quando Mandetta deixou de encarar seus concorrentes como inimigos e, junto com vários pequenos comerciantes de materiais de construção, participou da criação da Associação de Lojas de Material de Construção da Grande São Paulo (Alomaco). A idéia era juntar forças em torno de objetivos comuns, entre eles melhores condições de negociação com os fornecedores. Hoje, com mais de 30 lojistas associados, a Alomaco exibe um respeitável *portfolio* de ganhos. "Conseguimos revender mais barato porque temos maior poder de negociação com os fornecedores. Compramos volumes maiores por preços menores", conta Mandetta. E aqueles que cumprem à risca os critérios estabelecidos pela entidade ganham o direito de estampar nas fachadas o selo Rede Construir, a marca fantasia da Alomaco. Em março deste ano, a Prumo, de Mandetta, reformulou todo o seu visual, sendo a primeira a seguir o novo padrão proposto pela associação.

PRÓS E CONTRAS

"Criar a Alomaco foi uma questão de sobrevivência", afirma o empresário. A julgar pelos resultados, no entanto, a Prumo foi além. No final de 1999, sua loja já vendia quase 20% mais do que em igual período de 1998. A revenda adotou o sistema de auto-serviço e os preços de venda ao consumidor dos 5 mil itens expostos caíram entre 5% e 10%, em média.

O desempenho da Prumo e de outros lojistas que se abrigaram na Alomaco é um bom exemplo de como os pequenos e micronegócios podem colher bons frutos quando interagem em conjunto. "As principais vantagens desse tipo de iniciativa são o maior poder de barganha e a conquista de uma melhor posição no mercado", afirma Marc Diaz, gerente de projetos setoriais do Sebrae-RJ. Há, entretanto, muitas outras áreas em que o associativismo traz benefícios importantes. É possível investir mais em marketing e propaganda; diminuir os gastos com cursos de treinamento para funcionários; fazer parcerias estratégicas para o desenvolvimento dos negócios; ter acesso a novas tecnologias com maior agilidade. E por aí vai.

Tais atrativos vêm estimulando o associativismo a ponto de já existirem hoje, no país, mais de 150 centrais de negócios ou de negociação, como também estão sendo chamadas essas iniciativas. Entre os segmentos que mais têm investido na estratégia destacam-se as papelarias, lojas de materiais para construção, padarias, farmácias, supermercados, comércio de gêneros alimentícios e empresas de artigos de informática. Os especialistas alertam, entretanto, que antes de montar uma associação é preciso conhecer todos os detalhes de seu funcionamento. As centrais de negócios são sociedades civis sem fins lucrativos constituídas por pessoas jurídicas e/ou físicas que atuam no mesmo ramo de atividade. Juridicamente, essas associações não podem realizar compras, mas sim orientar e instruir as empresas que representam no que diz respeito às atividades de aquisição, informatização, distribuição, desenvolvimento de novos produtos, marketing e treinamento de pessoal, entre outras.

(Extraído de *Pequenas Empresas Grandes Negócios*, dez. 2000, por Kátia Rodrigues.)

ARRANJOS PRODUTIVOS LOCAIS

Outra noção que vem se tornando importante, relacionada ao conceito de empreendedorismo, é o conceito de *clusters* ou arranjos produtivos locais (APLs), como convencionamos chamar no Brasil, definidos pela similaridade de atividades, em uma mesma localidade geográfica. Segundo o Sebrae Nacional (2006),

> arranjos produtivos são aglomerações de empresas localizadas em um mesmo território, que apresentam especialização produtiva e mantêm algum vínculo de articulação, interação, cooperação e aprendizagem entre si e com outros atores locais tais como governo, associações empresariais, instituições de crédito, ensino e pesquisa.

Um arranjo produtivo local é caracterizado, portanto, pela existência da aglomeração de um número significativo de empresas que atuam em torno de uma atividade produtiva principal. Para tanto, é preciso considerar a dinâmica do território em que essas empresas estão inseridas. No entanto, a idéia de território não se resume apenas à sua dimensão geográfica.

> Território é um campo de forças, uma teia ou rede de relações sociais que se projetam em um determinado espaço. Nesse sentido, o Arranjo Produtivo Local também é um território onde a dimensão constitutiva é econômica por definição, apesar de não se restringir a ela. (Sebrae, 2006)

As empresas que compõem um *cluster*, além da proximidade física e da forte relação com os agentes da localidade, têm em comum a mesma dinâmica econômica. Contudo, essa dinâmica pode ser determinada por razões bastante diversas, como:

- realizam atividades semelhantes;
- utilizam mão-de-obra específica disponível em poucas regiões (por exemplo, produção de *software*);
- servem-se das mesmas matérias-primas (por exemplo, indústria petroquímica);
- necessitam das mesmas condições climáticas ou de solo para sua produção (por exemplo, produção de chocolates, frutas etc.);
- fornecem para um mesmo cliente que exige proximidade (por exemplo, fornecedores de autopeças localizados próximos às montadoras);
- processos históricos e culturais etc.

Em alguns casos não é difícil compreender como se forma um determinado *cluster*. Tomemos como exemplo o município de São José dos Campos, que abriga a Embraer, uma grande montadora de aviões. A partir dela, surgiram diversas indústrias e serviços no setor de aeronáutica na região. Em muitos casos, porém, não há uma lógica tão clara para a formação da aglomeração territorial de um setor industrial, como o caso da indústria de calçados infantis no município de Birigüi, em São Paulo.

De todo modo, a organização desses arranjos pode ser uma importante fonte geradora de vantagens competitivas duradouras, e o entendimento de suas dinâmicas possibilita desenvolver políticas públicas para o desenvolvimento econômico local. Para o empreendedor, a identificação de um *cluster* pode ser uma variável a ser considerada na seleção da localização, quando da abertura de um novo negócio.

Para determinar um APL, o Sebrae considera a fórmula do quociente de localização, que permite identificar, para cada atividade específica, quais municípios apresentam participação relativa superior àquela verificada na média no país. A fórmula adotada para a determinação deste quociente é:

$$QL = \frac{\text{Participação relativa da atividade "x" (em número de estabelecimentos) no total de estabelecimentos industriais no município}}{\text{Participação relativa da atividade "x" (em número de estabelecimentos) no total de estabelecimentos industriais no Brasil}}$$

Tabela 7.2 APLs Confecções

Município	UF	% de estabelecimentos	% no município	nº de empregados CLT	QL
1 Santa Cruz do Capibaribe	PE	403	74,9	898	8,5
2 Jaraguá	GO	367	63,9	1.427	7,2
3 Cianorte	PR	664	58,5	2.621	6,6
4 São Gabriel da Palha	ES	138	54,8	2.112	6,2
5 Toriama	PE	51	53,7	317	6,1
6 Gaspar	SC	609	49,6	2.611	5,6
7 Eugenópolis	MG	45	45,5	183	5,1
8 Brusque	SC	913	45,4	3.422	5,1
9 Cerquilho	SP	178	45,2	416	5,1
10 Pérola	PR	36	45,0	421	5,1

Fonte: Sebrae (2006).

Tabela 7.3 APLs Edificações

Município	UF	% de estabelecimentos	% no município	nº de empregados CLT	QL
1 São Sebastião do Passe	BA	54	45,4	94	3,5
2 Palmas	TO	532	36,9	1.619	2,9
3 Boa Vista	RR	441	36,8	838	2,9
4 Porto Nacional	TO	111	34,9	325	2,8
5 Catu	BA	60	34,1	577	2,7
6 Macapá	AP	369	33,5	1.650	2,7
7 Boa Esperança	MG	58	33,5	20	2,7
8 Praia Grande	SP	294	33,5	1.322	2,7
9 Itapema	SC	143	33,5	495	2,7
10 Marataizes	ES	36	33,5	22	2,7

Fonte: Sebrae (2006).

Apenas a título de exemplo, tomemos os segmentos de edificações e confecções, classificados pelo Sebrae como relevantes para o estudo. Ao se aplicar a fórmula, teremos as principais aglomerações setoriais para esses setores (Tabelas 7.2 e 7.3). No caso das APLs em edificações, é razoável supor que elas se localizem em regiões de crescimento rápido e mais recente, por exemplo a cidade de Palmas, Tocantins.

capítulo 8

Tópicos Emergentes em Empreendedorismo

Atualmente, muitos tópicos e áreas de estudos relacionadas ao empreendedorismo vêm ganhando importância. Neste capítulo, daremos ênfase a assuntos ainda não abordados nos capítulos anteriores e que julgamos de importância crescente para o estudo do empreendedorismo.

GESTÃO DAS EMPRESAS FAMILIARES

Embora o assunto empresas familiares seja abordado há bastante tempo em cursos e em artigos de administração, passa a ganhar nova coloração a partir da discussão de temas como governança corporativa e empreendedorismo.

Alguns associam a empresa familiar a um período romântico do capitalismo, marcado por empreendedores e aventureiros capazes de criar grandes impérios, partindo de recursos muito limitados, enquanto outros relacionam as empresas familiares a organizações centralizadoras, arcaicas, de um período do capitalismo agrícola ou de início da era industrial. Bernhoeft et al. (1999) mostram que a origem das empresas familiares brasileiras está nas capitanias hereditárias – a primeira forma de empreendimento privado existente no Brasil.

Sabemos hoje, porém, que as empresas familiares têm enorme impacto na economia do mundo capitalista. A dificuldade de se levantar números precisos está relacionada à própria dificuldade de se ter uma definição consensual do que seja uma empresa familiar, pois ela considera desde a pequena empresa, sob controle absoluto do fundador, até famosas multinacionais como Ford, L'Oreal, Lego, Fiat, entre outras. Neubauer e Lank (1998) estimam que as empresas familiares representem entre 45% e 70% do Produto Interno Bruto (PIB) mundial não comunista. Em relação ao número de empresas essa porcentagem é ainda mais expressiva, conforme indica a tabela a seguir.

Tabela 8.1 Percentual de empresas familiares

País	% de empresas familiares
Portugal	70
Reino Unido	75
Espanha	80
Suíça	85
Suécia	>90
Itália	>95
Oriente Médio	>95

Fonte: Neubauer e Lank (1998).

As empresas familiares não são apenas expressivas em número e no impacto econômico, mas têm-se mostrado bastante prósperas na evolução de seu valor no mercado. Um estudo comparativo mostrou que o valor das ações das 210 maiores empresas familiares norte-americanas (FBSI – Family Business Stock Index) cresceu a taxas expressivamente superiores a das 500 empresas da S&P, entre os anos de 1976 e 1996 (Neubauer e Lank, 1998, p. 12).

Para Donnelley (1967) e Lodi (1986), podem ser consideradas empresas familiares apenas aquelas que estão ligadas a uma família há pelo menos duas gerações. Para Lodi (1986), na geração do fundador a empresa é quando muito pessoal, mas ainda não familiar. Bernhoeft et al. (1999), contudo, observam que esse critério não parece apropriado, visto que aproximadamente 70% das empresas não chegam até a segunda geração. Para ele, pode-se definir empresa familiar como aquela em que um ou mais membros de uma família exercem considerável controle administrativo sobre a empresa por possuírem parcela expressiva da propriedade do capital. Com base nessa perspectiva, não é somente a propriedade que faz do negócio uma empresa familiar, mas a relação entre propriedade e controle.

Cedo ou tarde grande parte dos empreendedores passa por problemas de conflitos internos. Isso porque, desde o início do seu negócio, o empreendedor tem enorme dedicação para a empresa e acaba levando problemas da empresa para a casa e vice-versa. Mais do que isso, muitas vezes a gestão da empresa é apoiada por membros da família, como o cônjuge, o irmão, o cunhado ou outros. É muito comum haver então confusão entre os papéis que envolvem as dimensões empresa, propriedade e família, representadas na figura a seguir pelas situações: 1) membros da família; 2) membros da família que são proprietários; 3) proprietários que não pertencem à família; 4) membros da família que trabalham na empresa; 5) membros da família que são proprietários e trabalham na empresa; 6) executivos da empresa, sem vínculo com a família; 7) proprietários não pertencentes à família e que trabalham na empresa; 8) membros da família que são proprietários e ocupam posição estratégica na sociedade.

À medida que a empresa cresce e os parentes vão assumindo posições na estrutura organizacional, aumenta a confusão entre os papéis. Criam-se diretorias desnecessárias para acomodar todos os filhos dos fundadores. Herdeiros sem formação e competências necessárias passam a assumir funções incompatíveis com suas experiências. Conflitos familiares são trazidos, com freqüência, para dentro da empresa. Esses e outros sinais são sintomas de que está no momento de a empresa familiar buscar o aumento de seu grau de profissionalização.

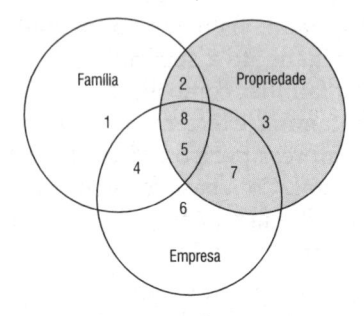

Nas palavras de Lodi (1986, p. 25),

> profissionalização é o processo pelo qual uma organização familiar ou tradicional assume práticas administrativas mais racionais, modernas e menos personalizadas, é o processo de integração de gerentes contratados e assalariados no meio de administradores familiares, ou ainda a adoção de determinado código de formação ou de conduta num grupo de trabalhadores.

Portanto, a criação de conselhos de administração, de família e definição de regras e políticas relativas às obrigações e deveres dos familiares, sucessores e herdeiros faz-se necessária na empresa familiar.

Conflitos na empresa familiar podem ameaçar seriamente sua sobrevivência, ou pelo menos sua perpetuidade sob comando da família. Segundo Neubauer e Lank (1998, p. 14),

> embora seja impossível fazer uma comparação nacional precisa, a tendência geral é clara: entre dois terços e três quartos das empresas familiares fecham ou são vendidas pela família fundadora, ainda

na 1ª geração, enquanto somente entre 5% a 15% continua até a 3ª geração nas mãos dos descendentes dos fundadores.

Imagine que dois irmãos fundadores de uma empresa bem-sucedida tenham cada um quatro filhos e se seus descendentes mantiverem o ritmo de reprodução, a quarta geração contará com 512 integrantes. Será pouco provável que a empresa consiga crescer de modo a suportar tal taxa de crescimento da família. Ainda que uma família não cresça atualmente nesse ritmo, sempre há agregados e seus familiares que acabam participando da gestão. Estabelecer conselhos e regras para tratar dessa situação e profissionalizar a empresa familiar são pontos importantes, mas isso não soluciona a questão. A empresa familiar terá de começar a pensar a sucessão não apenas como processo de passagem do controle, mas uma oportunidade empreendedora de revitalização do grupo, com estratégias de expansão geográfica, de internacionalização ou mesmo de diversificação e/ou renovação de linhas de produtos e serviços.

INTRA-EMPREENDEDORISMO

Intra-empreendedorismo é outro tópico que, embora tenha se popularizado na década de 1980 com o livro *Intrapreneuring*, de Pinchot (1989), ele ressurge na atualidade em função da necessidade que grandes empresas vêm sentindo de revitalização, para fazer frente a um ambiente extremamente dinâmico e competitivo.

Empresas tradicionais, como a inovadora 3M, têm conseguido manter-se renovadas por conta de um permanente estímulo de que seus gestores atuem como empreendedores, dentro da própria estrutura corporativa. Novas empresas, frutos da revolução digital, surgem no contexto altamente competitivo das empresas pontocom, atuando com estrutura, estratégia e cultura altamente empreendedoras. Esse é o caso da Google que, fundada em 1998, já faturava US$ 14 bilhões em 2005, com a criação de novos produtos, feita por jovens com liberdade para empreender, dentro da própria estrutura. Mas, afinal, o que se quer dizer com o intra-empreendedorismo ou empreendedorismo corporativo?

Segundo Pinchot III (1989), intra-empreendedores são "aqueles que assumem a responsabilidade pela criação de inovações de qualquer espécie dentro de uma organização". A partir do conceito do empreendedor corporativo, encontra-se um meio-termo entre o gestor, habituado a tomar decisões em uma grande estrutura já existente, e o empreendedor, que consegue implementar bravamente sua idéia, tendo de provar para familiares, investidores ou bancos a efetividade de seu projeto.

O crescimento do capital de risco reforça a idéia de que muitos investidores começam a procurar mesmo oportunidades de investimentos em idéias inovadoras, conduzidas por empreendedores oportunistas, em vez de manterem seu dinheiro nas ações de grandes corporações que sustentam seu sucesso apenas com produtos e serviços de marcas consagradas no mercado. Ao desenvolver o intra-empreendedorismo, porém, a organização consegue quebrar esse dilema, ao apoiar que os próprios funcionários atuem como empreendedores e que novos produtos e serviços possam ser criados não apenas na área de pesquisa e desenvolvimento da empresa.

Muitas das grandes corporações têm alguma história de inovação que surgiu a partir de idéias de funcionários, algumas vezes da própria linha de produção. Isso, porém, não faz dessas empresas inovadoras, com cultura empreendedora. Para que se possa construir o empreendedorismo corporativo, é necessário transformações de políticas, valores e práticas corporativas.

A 3M mantém sua fama de empresa inovadora criando sistemas apropriados ao intra-empreendedorismo. Fundada em 1902, a organização já teve alguns interessantes exemplos de inovação criados por funcionários empreendedores e persistentes. Francis G. Okie é um deles. Ainda nos anos 1920, com o objetivo de aumentar as vendas das lixas de papel, queria usá-las no lugar de lâminas de barbear, com o apelo de que assim os homens correriam menos risco de se cortar no momento de se barbear. Embora a estranha idéia não tenha decolado, ele acabou criando o primeiro campeão de vendas da 3M: a lixa d'água, produto de grande utilização no mercado automobilístico.

O exemplo mais famoso, porém, ficou por conta da criação do Post-it®. Na verdade, o produto surgiu de uma necessidade pessoal do seu inventor, Art Fry, funcionário da 3M. Ele integrava o coral da igreja e usava marcadores de páginas em seu livro de cantos. Toda vez que abria o livro, entretanto, caía algum marcador. Usando recursos da própria empresa, mas também dedicando muitas de suas horas de descanso, Art Fry deu início à criação de pequenas tiras de papel cobertas com adesivos de baixa intensidade, para tentar resolver o seu problema com o livro de cantos. Nessa busca, ele acabou lembrando de uma experiência "fracassada" de outro funcionário que equivocadamente criou um adesivo muito fraco. Adaptando o trabalho anterior ao seu, Art Fry acabou inventando muito mais que um marcador de livros – ele inventou um novo conceito de bloco de recados, o Post-it®, que se transformou em uma solução simples, ágil e eficiente, disseminada em todo o mundo.

No início dos anos 1990, a corporação alcançava marcas impressionantes com mais de cem tecnologias relacionadas a abrasivos, adesivos, processos de cobertura etc., com faturamento anual de US$ 14 bilhões em 1992 e milhares de produtos gerenciados por 3.900 centros de lucro, localizados em 47 divisões e vendidos em 57 países (HBSP, 1999). Sua orientação para a inovação mantinha-se mais arrojada do que nunca. A meta para a inovação traduzida por uma expectativa de que 25% do faturamento, fosse proveniente de produtos lançados nos últimos cinco anos, tornara-se ainda mais agressiva. Agora a ordem era a de que 30% do faturamento fosse originado dos produtos lançados nos últimos quatro anos. Para tanto, havia na empresa uma política que permitia que os funcionários dedicassem 15% do tempo em atividades não programadas, relacionadas à inovação.

A estrutura organizacional também fora concebida para facilitar o processo inovador. Com uma filosofia de crescimento e divisão, um novo produto ou linha de produto ficava sob a gerência da área de New Ventures – espécie de incubadora de novos negócios – até que ganhasse tamanho e força suficiente para ser definida uma gerência própria para a inovação. Havia na empresa a preocupação em quebrar barreiras departamentais que criam burocracia e emperram o processo de criação de novos produtos. Para conseguir que o conhecimento fosse compartilhado entre as áreas reforçava-se que os "produtos pertencem às divisões, a tecnologia, à companhia". Dessa forma garantia-se que as unidades tivessem a autonomia necessária e ao mesmo tempo pudessem se beneficiar do capital intelectual de toda a organização.

Exemplos como esses têm mostrado que, para se criar um ambiente empreendedor na corporação, deve-se vencer algumas importantes barreiras, como:

- postura conservadora e pouco competitiva da empresa;
- intolerância quanto a riscos e fracassos;
- falta de liberdade para funcionários desenvolverem seus próprios projetos;
- falta de patrocinadores internos;
- sistemas de controle rígido;
- impossibilidade de usar os ganhos de um sucesso para financiar novos projetos.

Empreendedor × intra-empreendedor

Pinchot III (1989) mostra-se muito favorável ao intra-empreendedorismo, embora não descarte algumas desvantagens dele em relação à abordagem do empreendedorismo. Começando pelas vantagens, o autor aponta o acesso ao capital, uma vez que, estando em uma estrutura corporativa, o intra-empreendedor poderá ter acesso a recursos mais volumosos para financiar novos negócios do que se estivesse por conta própria. Além disso, poderá haver negócios relativos a produtos muito específicos e de longa maturação que não interessem a capitalistas de risco, mas que interessem à empresa.

A tradição, o nome e a marca da empresa como alavancas para novos negócios são também vantagens consideráveis para o intra-empreendedor. Considerando-se ainda que ele poderá fazer uso de uma estrutura preestabelecida de marketing e de canais de distribuição já consolidados para distribuir outros produtos da empresa, o empreendedor corporativo também sai ganhando. Do ponto de vista técnico também há claras vantagens para o intra-empreendedor. Além de contar com o acesso a laboratórios, tecnologia e ao corpo técnico da empresa, pode haver toda uma rede interna de profissionais para apoio ao novo negócio.

As vantagens do empreendedor em relação ao intra-empreendedor são também claras. A primeira é a de flexibilidade e poder de decisão, já que o empreendedor está totalmente desvinculado de uma estrutura corporativa, que por mais flexível que seja, pode trazer morosidade e restrições no processo decisório. Outra evidente vantagem diz respeito à propriedade, visto que o empreendedor é o dono de seu próprio negócio. Dick Nadeau tentou ambas as abordagens e, após decidir pelo intra-empreendedorismo, comentou: "não trabalho bem em um fundo de quintal. Eu preciso do ambiente e dos recursos corporativos. Não creio que o analisador clínico (sua inovação) pudesse ter acontecido em uma garagem" (Pinchot III, 1989, p. 82).

A questão não é apenas de escolha entre uma ou outra abordagem. Deve-se considerar, na verdade, que há um perfil mais apropriado para cada uma das situações, como mostra o Quadro 8.1, na comparação entre gerentes, empreendedores e intra-empreendedores.

Quadro 8.1 Comparação entre empreendedores, intra-empreendedores e gerentes tradicionais

	Gerentes tradicionais	Empreendedores	Intra-empreendedores
Motivos principais	Promoção e outras compensações, como escritório, auxiliares e poder.	Independência, oportunidade de criar e dinheiro.	Independência e capacidade de avançar nas compensações corporativas.
Orientação de tempo	Curto prazo – atingir cotas e orçamentos semanais, mensais, trimestrais e o planejamento anual.	Sobrevivência e crescimento do negócio entre 5 e 10 anos.	Entre gerentes tradicionais e empreendedores, dependendo do cronograma corporativo.
Atividade	Delega e supervisiona mais do que envolve diretamente.	Envolvimento direto.	Mais envolvimento direto que delegação de tarefas.
Risco	Cuidadoso.	Assume riscos moderados.	Assume riscos moderados.
Fracasso e erros	Esforça-se para evitar erros e surpresas. Adia o reconhecimento do fracasso.	Trata erros e fracassos como experiências de aprendizado.	Tenta ocultar projetos arriscados, o que lhe permite aprender com os erros, sem seus custos políticos.
Decisões	Geralmente concorda com a alta direção.	Segue sua visão particular. Decisivo e orientado para a ação.	Capaz de fazer com que os outros concordem em ajudar a realizar seu sonho.
A quem serve	Agrada aos outros.	Agrada a si e aos clientes.	Agrada a si, aos clientes e patrocinadores.
História familiar	Membros da família trabalharam em grandes organizações.	Passado de pequena empresa, profissional liberal ou agricultor.	Passado de pequena empresa, profissional liberal ou agricultor.
Relacionamento como os outros	Hierarquia como relacionamento básico.	Transações e acordos como relacionamento básico.	Transações dentro da hierarquia.

Fonte: Adaptado de Pinchot III (1989, p. 44-47) e Hisrich (2004, p. 61).

INCUBADORAS

Como vimos no início deste livro, a maioria das micro e pequenas empresas enfrenta diversas dificuldades relacionadas à falta de capital, desconhecimento do mercado e inexperiência do empreendedor para administrar o negócio, especialmente em seus primeiros anos de existência. Para amenizar esse quadro, diversos países têm buscado desenvolver incubadoras. O termo incubadora de empresas designa empreendimentos que ofereçam espaço físico, por tempo limitado, para a instalação de empresas de base tecnológica e/ou tradicional, e que disponham de uma equipe técnica para dar suporte e consultoria a essas empresas. O nome é bastante apropriado para o seu objetivo de amparar o estágio inicial de empresas nascentes que se enquadram em determinadas áreas de negócios, oferecendo um ambiente, no qual existem facilidades para o surgimento e crescimento de novos empreendimentos.

Segundo a Anprotec (2006):

> a incubação de empresas existe exatamente para que idéias inovadoras e promissoras não sejam desperdiçadas. Ou seja, com a ajuda de uma incubadora de empresas o empresário e/ou empreendedor pode desenvolver suas potencialidades e fazer sua empresa crescer. Nesse ambiente, ele desfruta de instalações físicas, suporte técnico-gerencial, além de ter a oportunidade de partilhar experiências com os demais incubados e formar uma rede de relacionamentos.

Os principais serviços oferecidos pelas incubadoras em geral são:

- espaço físico individualizado para a instalação de escritórios e laboratórios de cada empresa selecionada;
- espaço físico para uso compartilhado, como sala de reunião, auditório, área para demonstração dos produtos, processos e serviços das empresas incubadas, secretaria etc.;
- recursos humanos e serviços especializados para auxiliar as empresas residentes, tais como gestão empresarial, ges-

tão da inovação tecnológica, comercialização de produtos e serviços no mercado nacional e internacional, assessoria contábil, jurídica e de marketing;
- capacitação por meio de cursos e treinamentos de empresários e empreendedores em aspectos como gestão empresarial, gestão da inovação tecnológica, engenharia de produção e propriedade intelectual.

Segundo Dornelas (2002), a primeira incubadora sem fins lucrativos foi concebida no final da década de 1950, em Nova York, como conseqüência dos parques tecnológicos, sendo que a primeira incubadora de empresas brasileira surgiria apenas em 1985, na cidade de São Carlos, em São Paulo. Porém, a partir de meados da década de 1990, na medida em que se expandia o debate sobre o empreendedorismo de base tecnológica, o crescimento das incubadoras iniciava seu crescimento em progressão geométrica, conforme indica o Gráfico 8.1. Esse volume de novas incubadoras se deve particularmente à região Sul, com 123 incubadoras, e região Sudeste, com 120 incubadoras, no ano de 2005 (Anprotec, 2006).

Um levantamento realizado com 235 incubadoras em relação à sua natureza jurídica mostrou que a maior parte delas é privada, sem fins lucrativos (Gráfico 8.2). Outro levantamento, com 297 incubadoras, mostrou que a maior parte é de base tecnológica (40%), seguida pelas mistas (23%), tradicionais (18%) e até de serviços (7%). Esse levantamento mostrou ainda que 4% já são incubadoras de empresas sociais. Dentre os principais critérios adotados pelas incubadoras, para a seleção de empresas estão: a análise da viabilidade econômica, o perfil dos empreendedores, possibilidade de contribuição com o desenvolvimento local e regional e aplicação de novas tecnologias (Anprotec, 2006).

São denominadas empresas incubadas aquelas em processo de incubação, ou seja, que utilizam a infra-estrutura e os serviços oferecidos pela incubadora, ocupando espaço físico, por tempo limitado, nela. Esse período é geralmente de dois anos, e, dependendo do caso, pode ser estendido. Após esse período, a empresa é considerada graduada, podendo ou não permanecer no mercado. Atualmente muitas incubadoras procuram fornecer algum tipo de serviço de apoio, mesmo após a graduação da empresa.

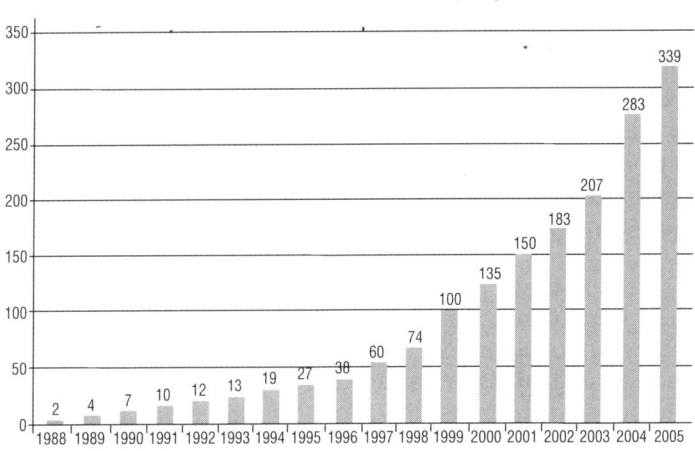

Gráfico 8.1 Número de incubadoras brasileiras em operação

Ano	Número
1988	2
1989	4
1990	7
1991	10
1992	12
1993	13
1994	19
1995	27
1996	38
1997	60
1998	74
1999	100
2000	135
2001	150
2002	183
2003	207
2004	283
2005	339

Fonte: Anprotec (2006).

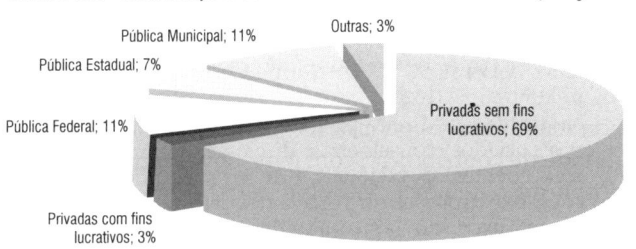

Gráfico 8.2 Natureza jurídica das incubadoras brasileiras em operação

- Privadas sem fins lucrativos; 69%
- Pública Municipal; 11%
- Pública Federal; 11%
- Pública Estadual; 7%
- Privadas com fins lucrativos; 3%
- Outras; 3%

Fonte: Adaptado de Anprotec (2006).

As pesquisas realizadas mostram um predomínio de empresas de base tecnológica nas áreas de desenvolvimento de software, informática, biotecnologia, química, entre outros, em função do fato de que essas, em geral, possuem alguma inovação ou invenção, e sem um apoio de incubadora podem ser incapazes de explorar adequadamente uma oportunidade. Por outro lado, com o adequado apoio jurídico, gerencial e mercadológico, essas empresas podem vir a ter grande potencial de crescimento. Em função do fato de as incubadoras serem um fenômeno relativamente recente no Brasil, há poucas pesquisas relacionadas à eficácia do processo de incubação para a sobrevivência e o crescimento de novos empreendimentos.

EMPREENDEDORISMO SOCIAL

Sempre existiram pessoas bem intencionadas, capazes de produzir importantes transformações sociais, a partir de soluções para redução da pobreza, promoção da saúde, acesso à cultura e à educação e tantas outras ações. Porém, o crescimento de uma consciência de responsabilidade social das empresas, o aumento do senso de cidadania da população e uma crescente incapacidade dos agentes governamentais de dar respostas adequadas aos emergentes problemas socioambientais contribuíram para a proliferação de organizações não-governamentais (ONGs) ou organizações do terceiro setor, que foram estabelecidas juridicamente no Brasil como Organizações da Sociedade Civil de Interesse Público (OSCIPs). A Lei n. 9.790/99 define OSCIP como:

> Pessoa jurídica de direito privado que não distribui, entre seus sócios ou associados, conselheiros, diretores, empregados ou doadores, os excedentes operacionais, brutos ou líquidos, dividendos, bonificações, participações ou parcela dos seus patrimônios, auferidos mediante o exercício de suas atividades, e que os aplica integralmente para alcançar o objeto social.

Embora se possam considerar muitas OSCIPs como organizações socialmente empreendedoras, a noção de empreendedorismo social vai muito além dessas organizações de terceiro setor. Muitos empreendedores sociais iniciam suas atividades com uma boa idéia e pouquíssimos recursos e, a partir de mobilização de empresas e outros agentes da sociedade civil, conseguem produzir transformações de grande impacto na sociedade. Nesse sentido, a noção schumpeteriana de empreendedor (Schumpeter, 1988) – "aquele que destrói a ordem econômica existente pela introdução de novos produtos e serviços, pela criação de novas formas de organização ou pela exploração de novos recursos e materiais" – aplica-se também à área social. A diferença, porém, está no fato de que os parâmetros para a avaliação de sucesso não devem ser financeiros, mas considerar a capacidade de transformação social dos projetos. Porém, diferentemente da filantropia tradicional, o empreendedor social deve também considerar a questão financeira como forma de garantir sua sustentabilidade.

Para Sellos e Mair (2005), freqüentemente a escala, escopo e complexidade dos problemas sociais são opressores, tendendo a deixar as pessoas conformadas. Revertendo esse quadro, empreendedores sociais propõem e implementam modelos de organização, atuação e interação com a comunidade capazes de quebrar o *status quo* e a concepção daquilo que consideramos possível e/ou viável. Assim, o que diferencia o empreendedor social do tradicional é a missão social de seus projetos. Em vez de se preocupar com a criação de valor do negócio no sentido econômico, como faz o empreendedor tradicional, estão comprometidos com a criação de valor social. Nas palavras dos autores, "empreendedores sociais criam novos modelos de negócios, estruturas organizacionais e estratégias, agenciando recursos altamente limitados, para a criação de valor social" (Sellos e Mair, 2005, p. 244).

A Ashoka Empreendedores Sociais, organização internacional sem fins lucrativos criada em 1980, tem apoiado diversas iniciativas de impacto na área social. Na crença de que as mudanças sociais são lideradas e disseminadas por pessoas com capacidade de liderança, criatividade e comprometimento para solução de problemas sociais, a Ashoka identifica, seleciona e apóia empreendedores com projetos relacionados a saúde, meio ambiente, direitos humanos, educação, desenvolvimento econômico e participação cidadã.

A Ashoka atua no Brasil, desde 1986, e atualmente conta com uma rede de 244 indivíduos que lideram mudanças em áreas prioritárias como direitos humanos (60), desenvolvimento econômico (36), meio ambiente (46), educação (44), participação cidadã (14) e saúde (44) (Ashoka, 2005). A organização recebeu em 2005 cerca de 540 propostas de candidatos, sendo que 12 foram selecionados para *fellows*[1] e passaram a receber uma bolsa salário mensal para cobrir suas despesas pessoais por um período de três anos.

Em seu livro, Bornstein (2004) ilustra interessantes casos de empreendedores sociais na Índia, nos Estados Unidos, Brasil, Hungria, África do Sul, entre outros países, que obtiveram êxito em seus projetos de transformação social. Dentre os brasileiros, destacando-se o caso de Fábio Rosa que, inconformado com a situação de pobreza e falta de perspectiva dos pequenos agricultores do carente município de Palmares, no Rio Grande do Sul, conseguiu idealizar interessantes soluções possíveis de ser implementadas com muito poucos recursos. Ao expor suas idéias ao prefeito da cidade, o agrônomo logo foi convidado a atuar como secretário municipal da Agricultura. Assim que assumiu a função observou que as principais políticas e obras realizadas na região até então não consideravam verdadeiramente as necessidades dos pequenos proprietários rurais.

Tendo como principal riqueza as lavouras de arroz irrigadas, Rosa constatou que o gargalo crítico para esse tipo de cultura era o volume de água. Com sua fixação por fatos e dados, o empreendedor descobriu que os pequenos agricultores estavam gastando até um quarto de seus custos de produção com água, o

---

[1] *Fellows* = Bolsistas.

triplo da média mundial. Para ele, sem água não havia produção e sem produção não havia prosperidade, o que acabaria por fazer, mais cedo ou mais tarde, que esses agricultores abandonassem a região. A solução seria tentar estabelecer poços artesianos, que demandavam energia a um custo muito elevado. Por meio de um sistema de corrente de alta tensão monofásico, adequado ao modesto consumo de energia, e materiais (postes, fios e condutores) mais acessíveis finaceiramente, seria possível viabilizar a energia barata na região. Com tabelas demonstrando gastos de agricultores, custos de materiais, capacidade dos poços, produção esperada e preços do arroz, o empreendedor conseguiu levantar o investimento necessário, com base em análises de que ele seria pago em quatro anos.

Outro empreendedor social, selecionado como *fellow* da Ashoka, é Rodrigo Baggio. Em 1995, aos 24 anos, ele criou o Comitê para a Democratização da Informática (CDI), organização não-governamental que promove a inclusão social de populações menos favorecidas por meio da apropriação das tecnologias de informação e comunicação. Reconhecido internacionalmente como iniciativa qualificada para a promoção de novas oportunidades para jovens em situação de risco social, o CDI atua por meio da criação de Escolas de Informática e Cidadania (EICs) em parceria com organizações comunitárias e empresas. O modelo pedagógico adotado incentiva alunos e educadores a se envolverem em um processo de compreensão e transformação da realidade de suas comunidades utilizando como ferramentas as tecnologias de informação e comunicação. Esse modelo de atuação tem mostrado grande potencial de crescimento, fazendo que no final de 2006 já houvessem 891 EICs distribuídas em 19 estados brasileiros e sete países (CDI, 2007).

A criação de EICs, localizadas, em sua maioria, em instituições instaladas em comunidades de baixa renda ou entorno, ocorre por meio de um processo de parceria entre os principais atores envolvidos (equipe da EIC, CDI e comunidade), que se tornam co-responsáveis pela gestão do projeto e pela busca de resultados eficazes de transformação social. O CDI oferece a metodologia de implantação e desenvolvimento da sua proposta político-pedagógica por meio da criação e execução de um plano de capacitação e acompanhamento continuados para o coordenador e educadores dessas escolas. As instituições, por sua vez, precisam dispor de um espaço físico adequado para abrigar um mínimo de dez computadores, além de contar com um plano de sustentabilidade que garanta o desenvolvimento da escola. Para isso, a comunidade ou organização que abriga a EIC é orientada a buscar o apoio de instituições parceiras que colaborem para sua viabilidade financeira e operacional.

O CDI também trabalha em parceria com entidades que representam cidadãos com necessidades específicas, como pacientes em hospitais psiquiátricos, deficientes físicos e visuais, meninos de rua e populações indígenas. Em abril de 2003, em parceria com a Fundação Getúlio Vargas, o CDI lançou o Mapa da Exclusão Digital, obra de referência para a definição de estratégias e para orientar a elaboração de políticas públicas e as ações de empresas privadas e de organizações não-governamentais.

Essas e tantas outras iniciativas nas áreas da saúde, cultura, educação têm revelado diversos empreendedores sociais – pessoas inovadoras, proativas e comprometidas que terão, nesse século, um papel de crescente importância para a consolidação de grandes transformações sociais.

Bibliografia Comentada

Pode-se dizer que o empreendedorismo é um tópico emergente e multidisciplinar na área da administração. Emergente porque, embora se encontrem diversas obras dos anos 1970 ou 1980 nessa área, é apenas nos últimos anos que o assunto passou a ser ensinado como disciplina ou investigado como linha de pesquisa em algumas escolas de administração. Multidisciplinar porque está claro que o sucesso do empreendedor, ou sua capacidade de transformar idéia em oportunidade, requer uma visão completa de negócio. Apenas para efeito didático, dividimos nossa indicação bibliográfica em três grupos: um mais geral, que aborda o empreendedorismo do ponto de vista do processo empreendedor e procura cruzar os vários aspectos do novo negócio, incluindo questões como marketing, operações, finanças, entre outros aspectos do novo empreendimento. No segundo grupo estão as obras evolutivas que tendem a enxergar o novo negócio, a partir de seu ciclo de vida, isto é, desde a identificação da oportunidade, passando pelas estratégias de entrada e crescimento da empresa, até a saída do negócio. Finalmente, no terceiro grupo, estão as abordagens que consideramos mais temáticas e abordam questões específicas como empreendedorismo corporativo, franquias e empreendedorismo social.

EMPREENDEDORISMO: VISÃO MULTIDISCIPLINAR

LONGENECKER, J. G.; MOORE, C. W.; PETTY, J. W. *Small business management*: An entrepreneurial emphasis. New York: Thomson Learning, 1997. 736 p.

Trata-se de um livro-texto completo para os iniciantes nas áreas de Empreendedorismo e Administração de pequenas empresas. Seus 26 capítulos abordam questões como o papel do empreendedor na economia, franquias, empresas familiares, ética, aspectos sociais e legais, além de detalhar os passos para a elaboração de um plano de negócios. No final do livro são apresentados 26 casos que ilustram os pontos discutidos. Apesar de alguns desses casos estarem desatualizados e serem voltados para exemplos norte-americanos, a obra não fica comprometida.

DOLABELA, F. *O segredo de Luísa*. São Paulo: Cultura Editores Associados, 1999. 312 p.

Na forma de um romance, Dolabela mostra os principais passos e problemas associados à abertura de um novo negócio. Apoiado na aventura fictícia de Luísa e de seu negócio – Goiabadas Maria Amália Ltda. –, o autor aborda questões típicas do empreendedor emergente brasileiro que, sem recursos para contratar pesquisa de mercado, sem levantar financiamento nem contar com o apoio de capitalistas de risco, vai superando barreiras relativas à criação do novo negócio. Com recursos que simulam o efeito de *hyperlinks*, o leitor é continuamente convidado a navegar entre a ficção e as questões conceituais apresentadas nos quadros explicativos, e até a formular seu próprio plano de negócio.

HISRICH, R. D.; PETERS, M. P. *Empreendedorismo*. São Paulo: Bookmann, 2004. 592 p.

Traduzido para a língua portuguesa, o livro aborda os tópicos mais relevantes sobre o empreendedorismo, tais como a importância e a natureza da atividade empreendedora, a criação, o financiamento e a gestão de novos empreendimentos, com ênfase na construção de um plano de negócio. Esses pontos são discutidos a partir de uma perspectiva atual, incluindo questões de oportunidades de empreendedorismo internacionais, capital de risco, abertura de capital e encerramento das atividades. Os capítulos são abertos com um estudo de caso pertinente ao assunto e encerrados com questões para discussão, informações na Internet e recomendações de leitura.

EMPREENDEDORISMO: VISÃO EVOLUTIVA

BAUMBACK, C. M.; MANCUSO, J. *Entrepreneurship and venture management*. Englewood Cliffs: Prentice Hall, 1986. 329 p.

Essa coletânea de 36 artigos apresenta temas relevantes nas áreas de empreendedorismo e gestão de empreendimentos, organizados em função da etapa do ciclo de vida do negócio. A obra é iniciada com artigos sobre o desenvolvimento de empreendedores, passando por questões de geração da idéia, abertura e financiamento do empreendimento, e conclui com problemas de crises de crescimento e de maturidade do negócio. Na introdução de cada parte, os organizadores resumem os assuntos discutidos e encerram cada bloco com questões-chave para discussão.

ENTREPRENEUR'S toolkit: Tools and techniques to launch and grow your business. *HBSP*, Harvard Business Essentials, 2005. 258 p.

Essa leitura proporciona uma visão geral do assunto empreendedorismo de maneira completa e resumida. Com base em diversos artigos clássicos sobre empreendedorismo da Harvard Business Review, o livro aborda questões como perfil empreendedor, identificação e avaliação de oportunidades, definição de um modelo de negócios e estratégia, redação de um plano de negócios, formas de financiamento, entre outros tópicos relevantes para a área. Além disso, o livro traz alguns apêndices relacionados à compreensão das demonstrações financeiras, análise de ponto de equilíbrio, entre outros conceitos que podem ser de interesse para aqueles que estão começando a se familiarizar com a linguagem.

TIMMONS, J. A.; SPINELLI, S. *New venture creation*: Entrepreneurship for the 21st Century. 7. ed. McGraw Hill, 2006. 658 p.

Trata-se de uma ampla revisão da consagrada obra dos autores que abordam o processo empreendedor, desde a criação de um novo negócio, passando por seu crescimento, até o momento da saída do negócio. Por meio de textos, casos e exercícios, são explorados os conceitos relativos ao empreendedorismo e fornecidas ferramentas que permitam ao leitor compreender e praticar suas habilidades empreendedoras.

EMPREENDEDORISMO: ASSUNTOS RELACIONADOS

BORNSTEIN, D. *How to change the world*: Social entrepreneurs and the power of new ideas. New York: Oxford University, 2004. 336 p.

Assim como os empreendedores tradicionais destroem padrões ou combinam recursos e talentos de diferentes modos para produzir inovações em empresas privadas, os empreendedores sociais desempenham papéis análogos nos campos da educação, na saúde, na proteção ambiental e no direito à cidadania. Baseado em casos promovidos pela Ashoka, fundação pioneira no estímulo e apoio a empreendedores sociais, Bornstein apresenta exemplos de empreendedores como forças transformadoras da sociedade em diversos locais do globo, complementados com discussões sobre as qualidades do empreendedor social de sucesso, identificação de oportunidades e desafios na área social.

PINCHOT III, G. *Intrapreneuring*: por que você não precisa deixar a empresa para tornar-se um empreendedor. São Paulo: Harbra, 1989. 312 p.

Esse livro popularizou-se na década de 1980, por ter consagrado o conceito de empreendedorismo corporativo ou intra-empreendedorismo. Como o próprio título sugere, o autor procura mostrar como se pode estimular um comportamento empreendedor dentro de uma corporação, a partir de uma mudança cultural que incentive a inovação e autonomia dos gestores. A principal mensagem é a de que com essa transformação, as empresas colherão o melhor dos dois mundos: terão a disponibilidade de recursos e competências das grandes empresas e, ao mesmo tempo, a criatividade, agilidade e capacidade de identificar novas oportunidades das pequenas empresas. Um dos exemplos apresentados é o clássico exemplo da criação do Post-it®, da 3M.

CHERTO, M. et al. *Franchising*: uma estratégia para a expansão de negócios. São Paulo: Premier, 2006. 448 p.

Trata-se de uma leitura completa e atualizada sobre franquia, com textos de diversos especialistas no assunto. O livro aborda de forma bastante prática, e com diversos exemplos, questões como a história das franquias no mundo e no Brasil, razões para franquear, vantagens e desafios da franquia, relacionamento entre franqueado e franqueador, além de questões legais e legislação sobre o *franchising*. Esse livro contribuirá para que o leitor aumente sua compreensão sobre as vantagens de se criar um novo negócio *versus* comprar um ponto de uma rede de franquia e, principalmente, como e quando pensar na franquia como uma estratégia de crescimento para o seu próprio negócio.

Referências Bibliográficas

ABCR (Associação Brasileira de Capital de Risco) e Thomson Venture Economics. Disponível em: www.venturexpert.com, 2003.

ABEL, D. F. *Definição do negócio*. São Paulo: Atlas, 1991.

ABF (Associação Brasileira de Franchising). *Estatísticas*: desempenho do franchising brasileiro 2004–2005. Disponível em: www.portaldofranchising.com.br. Acesso em jan. 2007.

ANPROTEC (Associação Nacional de Entidades Promotoras de Empreendimentos de Tecnologia). *Pesquisa Anprotec*. Disponível em: www.anprotec.org.br. Acesso em dez. 2006.

ASHOKA EMPREENDEDORES SOCIAIS. *Relatório Anual*. 2005.

_____. Disponível em: www.ashoka.org.br. Acesso em jan. 2007.

BERNHOEFT, R.; GALLO, M. *Governança na empresa familiar*. Rio de Janeiro: Campus, 2003.

_____. MENNEZES, P. L. de; MARTINS, I. G. da A. S. (coords.) *Empresas familiares brasileiras*. São Paulo: Negócio, 1999.

BORNSTEIN, D. *How to change the world*. Oxford: Oxford USA Trade, 2003

BYGRAVE, W. D. *The Portable MBA in Entrepreneurship*. Nova York: John Wiley & Sons, 1994.

CALDEIRA, J. *Mauá*: o empresário do Império. São Paulo: Companhia das Letras, 1995.

CAMPORA, F. Por que franquear. In: CHERTO, M. et al. *Franchising*: uma estratégia para a expansão de negócios. São Paulo: Premier, 2006.

CASAROTTO FILHO, N.; PIRES, L. H. *Rede de pequenas e médias empresas e desenvolvimento local*. São Paulo: Atlas, 1998.

CDI (Comitê para Democratização da Informática). Disponível em: www.cdi.org.br. Acesso em jan. 2007.

CHERTO, M. et al. *Franchising*: uma estratégia para a expansão de negócios. São Paulo: Premier, 2006.

CRUZ, T. M. *A pequena empresa e o desafio de crescer*. São Paulo. Dissertação (Mestrado em Administração de Empresas) – Fundação Getúlio Vargas, 2003.

DEGEN, R. *O empreendedor*: fundamentos da iniciativa empresarial. São Paulo: Makron Books, 1989.

DORNELAS, J. C. A. *Empreendedorismo*: transformando idéias em negócios. 5. ed. Rio de Janeiro: Campus, 2001.

DORNELAS, J. C. A. *Planejando incubadoras de empresas*: como desenvolver um plano de negócios para incubadoras. 2. ed. Rio de Janeiro: Campus, 2002.

_____. *Planejando incubadoras de empresas*. Rio de Janeiro: Campus, 2002.

DRUCKER, P. F. *Inovação e espírito empreendedor*. São Paulo: Biblioteca Pioneira de Administração de Negócios, 1987.

GITTELL, J. H.; REILLY, C. JetBlue Airways: Starting from scratch. *HBSP*, Harvard Business School Publishing, out. 2001.

HART, M.; ROBERTS, M.; STEVENS, J. ZipCar: Refining business model. *HBSP*, Harvard Business School Publishing, maio 2005.

HARVARD BUSINESS ESSENTIALS. Entrepreneur's toolkit: tools and techniques to launch and grow your business. *HBSP*, 2005.

3M OPTICAL SYSTEM: managing corporate entrepreneurship. *HBSP*, Harvard Business School Publishing, 1999.

HENDERSON, B. The origin of strategy. *Harvard Business Review*, nov.-dez. 1989.

HISRICH, R. D.; PETERS, M. *Empreendedorismo*. São Paulo: Bookman, 2004.

IBQP-PR. *Global Entrepreneurship monitor, empreendedorismo no Brasil 2002*. Instituto Brasileiro da Qualidade e Produtividade, Paraná, 2002.

_____. *GEM Empreendedorismo no Brasil 2003 – Sumário Executivo*. Instituto Brasileiro da Qualidade e Produtividade, Paraná, 2003.

_____. *GEM Empreendedorismo no Brasil 2005 – Relatório Executivo*. Instituto Brasileiro da Qualidade e Produtividade, Paraná, 2005.

KUEMMERLE, W. A test for the fainthearted. *Harvard Business Review*, maio 2002.

LODI, J. B. *A empresa familiar*. São Paulo: Pioneira, 1986.

LONGENECKER, J. G.; MOORE, C. W.; PETTY, J. W. *Administração de pequenas empresas*: ênfase na gerência empresarial. São Paulo: Makron Books, 1997.

MAGRETTA, J. Why business model matter. *Harvard Business Review*, maio 2002.

MALHOTRA, N. K. *Pesquisa de mercado*: uma orientação aplicada. Porto Alegre: Bookman, 2002. (Reimp.).

MOORE, G. A. *Crossing the chasm*. New York: Harper Collins Books, 2002.

NEUBAUER, F.; LANK, A. G. *The family business*. Nova York: Routledge, 1998.

PERRY, S. C. The relationship between written business plan and the failure of small business in the US. *Journal of Small Business Management*, v. 39, n. 3, p. 201-208, 2001.

PINCHOT III, G. *Intrapreneuring*: por que você não precisa deixar a empresa para tornar-se um empreendedor. São Paulo: Harbra, 1989.

PORTER, M. E. *Competitive strategy*: Techniques for analysing industries and competitors. Nova York: Free Press, 1980.

_____. *Competitive advantage*: Creating and sustaining superior performance. Nova York: Free Press, 1985.

_____. What is Strategy. *Harvard Business Review*, nov.-dez. 1996.

PORTER, M. E.; MONTGOMERY, C. A. *Estratégia*: a busca da vantagem competitiva. Rio de Janeiro: Campus, 1998.

QUANDO demitir o consumidor. *Revista Exame*, São Paulo: Abril, 6 jul. 2006.

SCHUMPETER, J. A. *Teoria do desenvolvimento econômico*. São Paulo: Nova Cultural, 1988.

SEBRAE-SP. *Financiamento de micro e pequenas empresas (MPEs) no Estado de São Paulo, sondagem de opinião*. 2006.

_____. *Sobrevivência e mortalidade das empresas paulistas de 1 a 5 anos*. 2001.

_____. *Sobrevivência e mortalidade das empresas paulistas de 1 a 5 anos*. 2005.

SEBRAE NACIONAL. *Boletim estatístico de micro e pequenas empresas*. 2005.

SEBRAE. *Arranjos produtivos locais*. Disponível em: www.sebrae.com.br. Acesso em dez. 2006.

SELLOS, C.; MAIR, J. Social entrepreneurship: Creating new business models to serve the poor. *Business Horizons*, p. 241-246, 2005.

SIEGEL, E. S.; FORD, B. R.; BORNSTEIN, J. *Guia Ernst Young para desenvolver seu plano de negócios*. Rio de Janeiro: Record, 1993.

TACHIZAWA, T.; FARIA, M. S. *Criação de novos negócios*: gestão de micro e pequenas empresas. São Paulo: Fundação Getúlio Vargas, 2002.

TIMMONS, J. A. *New Venture Creation*. 6. ed. Nova York: McGraw Hill-Irving, 2004.

_____. Opportunity recognition. In: _____. *The portable MBA in entrepreneurship*. Nova York: John Wiley, 1994.

Coleção Debates em Administração

Ensino e Pesquisa em Administração
Carlos Osmar Bertero

Teoria da Decisão
Luiz Flavio Autran Monteiro Gomes

Organizações em Aprendizagem
*Isabella F. Gouveia de Vasconcelos
e André Ofenhejm Mascarenhas*

Gestão da Inovação Tecnológica
Tales Andreassi

Cultura Organizacional
Maria Ester de Freitas

Negócios Internacionais
Ana Lucia Guedes

O Poder nas Organizações
*Cristina Amélia Carvalho
e Marcelo Milano Falcão Vieira*